Thich Nhat Hanh

Alles, was du tun kannst für dein Glück

Das Buch

Glück ist ganz einfach. Und jeder kann es lernen. Die Hauptsache ist Aufmerksamkeit. Nicht der Vergangenheit nachtrauern oder sich in die Zukunft verlieren. Ganz im Augenblick leben, im Hier und Jetzt, das ist der Schlüssel. Es ist der einzige Weg, um wahrhaft Frieden zu finden sowohl im eigenen Inneren als auch in der Welt. Wie geht das im Alltag? Thich Nhat Hanh zeigt es in diesem Buch, zugänglich, umfassend und übersichtlich. Wahres Glück, echte tiefe Freude, Herzensruhe lassen sich einüben. Die wesentliche Quelle für diesen Zustand sind Aufmerksamkeitsübungen. Das Integrieren dieser Übungen in das tägliche Leben, ermöglicht es jedem, jetzt gleich damit anzufangen, Friede und Freude in sich selber zu kultivieren. Innere Stabilität, Freisein von Angst und unnötigem Leiden – all das ist möglich, wenn jemand die Dinge seines Alltags mit Aufmerksamkeit tut, mit voller Wachsamkeit für das, was er tut: Gehen, sitzen, arbeiten, essen oder fahren. Das Leben wird sich ändern. Thich Nhat Hanh ermutigt seine Leser zur Neugier und zur Offenheit: „Genießen Sie Ihre Übungszeit mit einer entspannten und sanften Einstellung, mit einem offenen Geist und empfänglichen Herzen."

Der Autor

Thich Nhat Hanh, 1926–2022, war neben dem Dalai Lama der bedeutendste spirituelle Weisheitslehrer des Buddhismus im Westen. Der Mönch, Dichter, Gelehrte und Menschenrechtsaktivist wurde schon 1967 von Martin Luther King jr. für den Friedensnobelpreis vorgeschlagen. Über 100 Bücher, in Millionenauflagen erschienen, haben ihn weltweit berühmt gemacht.

Thich Nhat Hanh

Alles, was du tun kannst für dein Glück

Übungen für Körper, Seele und Geist

Übersetzt von Ursula Richard

HERDER

FREIBURG · BASEL · WIEN

MIX
Papier aus verantwortungsvollen Quellen
FSC® C014496

Taschenbuchausgabe 2022

ISBN 978-3-451-30315-9

www.herder.de

Umschlaggestaltung: Gestaltungssaal, Rohrdorf
Umschlagmotiv: © jular seesulai / shutterstock

Satz: Barbara Herrmann, Freiburg
Herstellung: GGP Media GmbH, Pößneck

Printed in Germany

ISBN Print: 978-3-451-03393-3
ISBN E-Book: 978-3-451-82869-0

Inhalt

Einführung ... 9

Tägliche Übungen

Bewusstes Atmen ... 15
Sitzmeditation ... 22
Gehmeditation ... 27
Aufwachen ... 33
Die Glocke ... 36
Telefonmeditation ... 41
Verbeugen ... 43
Achtsamkeitsverse (Gathas) ... 45
Ich bin angekommen, ich bin zuhause ... 48
Zuflucht nehmen ... 51
Die Fünf Achtsamkeitsübungen ... 53

Die Übung des Essens

Achtsames Essen ... 61
Die Fünf Betrachtungen ... 66
Die Küche ... 69
Teemeditation ... 71

Körperübungen

Ausruhen und Innehalten ... 79
Tiefenentspannung ... 83
Achtsame Bewegungen ... 88

Übungen für Beziehungen und Gemeinschaften

Eine Gemeinschaft (Sangha) schaffen und erhalten .. 95
Neubeginn ... 99
Friedensvertrag ... 103
Das System des Zweiten Körpers ... 109
Umarmungsmeditation ... 112
Tiefes Zuhören und liebevolles Sprechen ... 114
Sich um Wut und andere starke Emotionen kümmern 116
Licht schenken ... 123
Einen Liebesbrief schreiben ... 126

Weitere Übungen

Alleinsein ... 131
Stille ... 134
Der Mußetag ... 136
Einem Dharmavortrag zuhören ... 138
Dharmagesprächsrunde ... 140
Die Erde berühren ... 142
Reisen und nach Hause zurückkehren ... 146
Liebende-Güte-Meditation (Metta-Meditation) ... 148
Einseitige Abrüstung ... 154
Mit unserem inneren Kind sprechen ... 157
Die Vierzehn Achtsamkeitsübungen ... 159

Übungen mit Kindern

Jungen Menschen zuhören ... 171
Gehmeditation mit Kindern ... 174
Kindern bei Wut und anderen starken Emotionen helfen ... 176
Mahlzeiten mit der Familie ... 179
Die Glocke einladen ... 181
Die Kieselstein-Meditation ... 184

Der Atemraum ... 187
Die Vier Mantras ... 189
Der Kuchen im Kühlschrank ... 193
Die Orangen-Meditation ... 195
Einen Baum umarmen ... 197
Der Heute-Tag ... 199
Ausklang ... 201

Anmerkungen ... 203

Einführung

Achtsamkeit ist die Energie des Gewahrseins und des Erwachens zur Gegenwart. Es ist die fortwährende Übung, das Leben tief in jedem Augenblick zu berühren. Achtsamkeit zu praktizieren bedeutet nicht, dass wir uns dazu irgendwo andershin begeben müssten. Wir können Achtsamkeit in unserem Zimmer üben oder auf unserem Weg von einem Ort zum anderen. Wir können all das machen, was wir sonst auch tun – gehen, sitzen, arbeiten, essen, reden – nur tun wir dies jetzt mit einem Gewahrsein für das, was wir tun.

Stellen Sie sich vor, Sie beobachten inmitten einer Gruppe von Menschen einen wunderschönen Sonnenaufgang. Doch während die anderen in diesen Anblick versunken sind, quälen Sie sich mit anderen Dingen. Sie sind mit Ihren Projekten und Sorgen beschäftigt. Sie denken über die Zukunft und die Vergangenheit nach. Sie sind nicht wirklich gegenwärtig, um die Erfahrung zu genießen. Sie lassen den Reichtum des Momentes einfach vorbeiziehen, statt den Sonnenaufgang zu genießen.

Was wäre, wenn Sie es einmal anders machten? Was wäre, wenn Sie, sobald Ihr Geist umherwandert, Ihre Aufmerksamkeit auf Ihr Einatmen und Ausatmen richteten? Durch dieses bewusste, tiefe Atmen bringen Sie sich zur Gegenwart zurück. Ihr Körper und Geist kommen als Eins zusammen und dadurch sind Sie imstande, Ihre Umgebung bewusst mitzuerleben und sich an ihr zu erfreuen. Kehren Sie „nach Hause“ zurück, zu Ihrem Atem, so werden Sie das Wunder des Sonnenaufgangs erfahren.

Oft sind wir so beschäftigt, dass wir sowohl vergessen, was wir tun, als auch, wer wir sind. Ich kenne viele Leute, die sagen, dass sie manchmal sogar zu atmen vergessen.

Wir vergessen, nach den Menschen zu schauen, die wir lieben und sie wertzuschätzen, bis sie gegangen sind. Selbst wenn wir freie Zeit haben, wissen wir nicht, wie wir mit dem, was in uns vorgeht, in Berührung kommen könnten. Stattdessen machen wir den Fernseher an oder telefonieren, als könnten wir so uns selbst entkommen.

Das achtsame Atmen ist die Essenz der Achtsamkeit. Dem Buddha zufolge ist Achtsamkeit die Quelle des Glücks und der Freude. Der Same der Achtsamkeit ist in jedem von uns, doch vergessen wir im Allgemeinen, ihn zu gießen. Wissen wir, wie wir Zuflucht zu unserem Atem, unseren Schritten nehmen können, dann vermögen wir, unsere Samen des Friedens und der Freude zu berühren, und sie können sich zu unserer Freude manifestieren. Statt Zuflucht zu einer abstrakten Vorstellung wie Gott, Buddha oder Allah zu nehmen, erkennen wir, dass wir Gott in unserem Atmen, in unserem Gehen berühren.

Das klingt sehr einfach, und jeder und jede kann es tun, aber es erfordert einige Übung. Wesentlich ist dabei das Innehalten. Wie halten wir inne? Wir halten inne mit Hilfe unseres Einatmens, unseres Ausatmens und unserer Schritte. Darum sind das achtsame Atmen und achtsame Gehen so grundlegende Übungen. Meistern Sie diese, dann können Sie sich im achtsamen Essen, achtsamen Trinken, achtsamen Kochen, achtsamen Fahren und so weiter üben und Sie sind stets im Hier und Jetzt.

Die Übung der Achtsamkeit (*smrti* in Sanskrit) führt zu Konzentration *(samadhi)*, die ihrerseits in Einsicht *(prajña)* mündet. Die Einsicht, die uns aus der Achtsamkeitsmeditation erwächst, kann uns von Furcht, Besorgnis und Wut befreien und lässt uns wahrhaft glücklich sein. Wir können Achtsamkeit üben, indem wir etwas so Einfaches wie eine Blume betrachten. Halte ich eine Blume in meiner Hand, bin ich mir ihrer bewusst. Mein Ein- und mein Ausatmen helfen mir, mein Gewahrsein aufrechtzuerhalten. Statt von Gedanken überwältigt zu werden, bewahre ich so meine Freude an der Schönheit der Blume. Konzentration selbst wird zu einer Quelle der Freude.

Wollen wir uns an den Geschenken des Lebens vollständig erfreuen, müssen wir in allem Achtsamkeit walten lassen, ob wir nun unsere Zähne putzen, unser Frühstück zubereiten oder zur Arbeit fahren. Jeder Schritt und jeder Atemzug kann uns eine Gelegenheit zur Freude und zum Glück sein. Das Leben ist voller Leiden. Wenn wir nicht genügend Glück in Reserve haben, steht uns nichts zur Verfügung, um für unsere Verzweiflung Sorge tragen zu können. Genießen Sie Ihre Praxis aus einer entspannten, sanften Haltung heraus, mit einem offenen Geist und einem empfänglichen Herzen. Praktizieren Sie um Ihres Verstehens willen, nicht um einer Form oder äußerem Anschein Genüge zu tun. Mit Hilfe der Achtsamkeit können wir uns innere Freude bewahren, so dass wir mit den Herausforderungen unseres Lebens besser umgehen können. In uns selbst vermögen wir die Grundlagen von Freiheit, Frieden und Liebe zu schaffen.

Tägliche Übungen

Bewusstes Atmen

In unserem Alltag atmen wir, aber wir vergessen, dass wir atmen. Die Grundlage aller Achtsamkeitsübungen ist es, unsere Aufmerksamkeit zu unserer Ein- und Ausatmung zu bringen. Das wird Atemachtsamkeit oder bewusstes Atmen genannt. Es ist sehr einfach, aber die Wirkung kann sehr groß sein. In unserem Alltagsleben ist unser Körper an dem einen Ort, unser Geist oft an einem anderen. Schenken wir unserer Einatmung und Ausatmung Aufmerksamkeit, bringen wir damit unseren Geist zurück zu unserem Körper. Und plötzlich sind wir ganz da, vollkommen gegenwärtig im Hier und Jetzt.

Bewusstes Atmen ist wie ein Glas kaltes Wasser trinken. Atmen wir ein, spüren wir, wie die Luft unsere Lungen füllt. Wir müssen unseren Atem nicht kontrollieren. Wir spüren den Atem so, wie er tatsächlich in dem Moment ist. Er mag lang sein oder kurz, tief oder flach. Im Lichte unseres Gewahrseins wird er sich auf ganz natürliche Weise verlangsamen und vertiefen. Bewusstes Atmen ist der Schlüssel, um Körper und Geist zu vereinen und die Energie der Achtsamkeit in jeden Augenblick unseres Lebens zu bringen.

Ungeachtet unserer inneren Gestimmtheit – unserer Gedanken, Emotionen und Wahrnehmungen – ist unser Atem stets bei uns wie ein vertrauensvoller Freund. Wann immer etwas an uns zerrt und uns wegzieht, wir in einer tiefen Emotion versinken oder uns in Gedanken über die Vergangenheit oder Zukunft verfangen, können wir zu unserem Atem zurückkehren, um unseren Geist zu sammeln und zu verankern.

Spüren Sie, während Sie ein- und ausatmen, wie der Atem in Ihre Nase hinein- und hinausströmt. Anfangs ist Ihr Atmen vielleicht noch nicht entspannt. Doch nachdem Sie das bewusste Atmen für eine Weile geübt haben, werden Sie merken, wie leicht und natürlich, wie ruhig und friedvoll Ihr Atmen geworden ist. Sie können zu dieser friedvollen Quelle des Lebens jederzeit zurückkehren, ob Sie nun gehen, im Garten arbeiten, am PC sitzen oder etwas anderes tun.

Sie können zu sich sagen:

Einatmend weiß ich, dass ich einatme.
Ausatmend weiß ich, dass ich ausatme.

Nach einigen Atemzügen möchten Sie dies vielleicht abkürzen zu: „Ein, aus." Wenn Sie die ganze Zeit bei Ihrer Ein- und Ausatmung sind, denkt Ihr Geist nicht länger. Jetzt hat Ihr Geist die Chance, sich auszuruhen. Es ist wundervoll, unserem Geist die Gelegenheit zu geben, nicht zu denken.

Einatmend weiß ich, dass ich einatme ist kein Gedanke. Es ist nur ein Gewahrwerden dessen, was geschieht: Sie atmen ein und atmen aus. Atmen Sie ein und bringen Sie die Aufmerksamkeit zu Ihrer Einatmung, dann bringen Sie Ihren Geist zurück zum Körper. Schon ein Atemzug kann dem Geist helfen, zurück zum Körper zu gelangen. Sind Körper und Geist wieder zusammen, sind Sie wirklich im gegenwärtigen Moment.

Einatmend weiß ich, dass ich einatme, ist eine andere Ausdrucksweise für „Einatmend fühle ich mich lebendig". Das Leben ist in Ihnen und das Leben umgibt Sie – das Leben mit all seinen Wundern: dem Sonnenschein, dem blauen Himmel, den Herbstblättern. Es ist sehr wichtig, nach Hause zum gegenwärtigen Moment zurückzukehren, um mit den heilenden, erfrischenden und nährenden Elementen des Lebens innerhalb und außerhalb von uns in Berührung zu kommen. Mit einem leichten Lächeln können Sie alle Muskeln in Ihrem Gesicht entspannen.

Einatmend sehe ich den blauen Himmel.
Ausatmend lächle ich dem blauen Himmel zu.

Einatmend nehme ich die schönen Herbstblätter wahr.
Ausatmend lächle ich den schönen Herbstblättern zu.

Sie können dies verkürzen zu „blauer Himmel" beim Einatmen und „lächeln" beim Ausatmen. Dann „Herbstblätter" beim Einatmen und „lächeln" beim Ausatmen. Atmen Sie auf diese Weise, bringt Sie das mit all den Wundern des Lebens in Berührung. Die Schönheit des Lebens nährt Sie. Sie sind frei von Ihren Sorgen und Befürchtungen. Sie sind mit Ihrem Atem und Ihrem Körper in Kontakt. Ihr Körper ist ein Wunder. Ihre Augen sind ein Wunder. Sie brauchen nur Ihre Augen zu öffnen, um das Paradies der Formen und Farben, die uns zur Verfügung stehen, zu berühren. Dank Ihrer Ohren können Sie alle möglichen Klänge hören: Musik, den Gesang der Vögel, den Wind, der durch die Kiefern streicht. Schenken Sie Ihrer Einatmung und Ausatmung Aufmerksamkeit, bringen Sie sich zurück zum gegenwärtigen Moment, zum Hier und Jetzt, und Sie sind mit dem Leben in Berührung. Wenn Sie sich aber weiterhin in der Vergangenheit verlieren oder auf die Zukunft zueilen, dann verpassen Sie all das.

Einatmend folge ich meinem Einatmen, von Anfang bis Ende.
Ausatmend folge ich meinem Ausatmen, von Anfang bis Ende.

Am Anfang stellen Sie vielleicht fest, dass Ihr Atmen sich schwerfällig und angestrengt anfühlt. Ihr Atem ist ein Ergebnis Ihres Körpers und Ihrer Gefühle. Ist Ihr Körper angespannt und schmerzt er, sind Ihre Gefühle schmerzvoll, dann beeinflusst das auch den Atem. Bringen Sie Ihre Aufmerksamkeit zum Atem und atmen Sie achtsam.

Einatmend weiß ich, dass ich einatme.
Ausatmend weiß ich, dass ich ausatme.

Einatmend lächle ich meinem Einatmen zu.
Ausatmend lächle ich meinem Ausatmen zu.

Forcieren Sie niemals Ihren Atem. Ist der Atem kurz, lassen Sie ihn kurz sein. Ist er nicht sehr friedvoll, lassen Sie ihn, wie er ist. Wir greifen nicht ein, erzwingen etwas oder „arbeiten" an unserem Atem. Wir werden seiner lediglich gewahr und die Qualität unseres Atems wird sich ganz natürlich verbessern. Die Achtsamkeit identifiziert und umarmt unser Einatmen und Ausatmen, wie eine Mutter, die nach Hause zu ihrem Kind geht und es sanft in den Armen hält. Sie werden überrascht sein zu sehen, dass sich die Qualität des Atmens schon nach einer oder zwei Minuten verbessert haben wird. Ihr Einatmen wird tiefer geworden sein, Ihr Ausatmen wird sich verlangsamt haben. Ihr Atmen wird friedvoller und harmonischer sein.

Einatmend nehme ich wahr, dass mein Einatmen tiefer geworden ist.
Ausatmend nehme ich wahr, dass mein Ausatmen langsamer geworden ist.

Bemerken Sie, dass Ihre Ein- und Ausatmung friedvoller, tiefer und langsamer geworden ist, können Sie diesen Frieden, diese Ruhe und diese Harmonie Ihrem Körper anbieten. Im Alltag missachten oder ignorieren Sie vielleicht Ihren Körper. Jetzt haben Sie die Gelegenheit, zum Körper zurückzukehren, ihn in seiner Existenz anzuerkennen, sich wieder mit ihm vertraut zu machen und Freundschaft mit ihm zu schließen.

Einatmend bin ich mir meines Körpers bewusst.
Ausatmend lasse ich alle Spannungen in meinem Körper los.

Diese Atemübungen stammen von Buddha selbst. Sie sind sehr einfach, wie ein Kinderspiel. Es ist hilfreich, dabei die Hand auf den Bauch zu legen. Sie werden merken, dass Ihre Bauchdecke sich beim Einatmen hebt und sich beim Ausatmen senkt. Heben, senken. Das Heben und Senken des Bauches ist besonders gut im Liegen zu spüren. Sie sind Ihrer Einatmung und Ausatmung von Anfang bis Ende gewahr. So zu atmen ist sehr angenehm. Sie denken nicht mehr – nicht an die Vergangenheit, die Zukunft, Ihre Vorhaben oder Ihre Leiden. Atmen wird zu einem Vergnügen, eine Erinnerung an das Leben selbst.

Einatmend genieße ich mein Einatmen.
Ausatmend genieße ich mein Ausatmen.

Nachdem Sie in der Lage sind, diesen Frieden und diese Harmonie Ihrem Körper zu schenken, ihm zu helfen, Spannungen loszulassen, können Sie Ihre Gefühle und Emotionen identifizieren.

Einatmend bin ich des schmerzhaften Gefühls in mir gewahr.
Ausatmend lächle ich dem schmerzhaften Gefühl in mir zu.

Da ist ein schmerzhaftes Gefühl, aber gleichzeitig auch Achtsamkeit. Achtsamkeit ist wie eine Mutter, die zärtlich die Gefühle umarmt. Achtsamkeit ist stets Achtsamkeit von etwas. Atmen Sie achtsam, so ist das Achtsamkeit des Atmens. Gehen Sie achtsam, ist das Achtsamkeit des Gehens. Trinken Sie achtsam, ist das Achtsamkeit des Trinkens. Sind Sie Ihrer Gefühle achtsam gewahr, ist das Achtsamkeit der Gefühle. Achtsamkeit kann zu jedem physischen und geistigen Ereignis hinzutreten, es identifizieren und Linderung bringen.

Ich möchte Ihnen einen Übungsvers vorstellen, den Sie von Zeit zu Zeit rezitieren können, während Sie atmen und lächeln:

Einatmend weiß ich, dass ich einatme.
Ausatmend weiß ich, dass ich ausatme.

Wenn sich mein Einatmen vertieft,
wird mein Ausatmen langsamer.

Einatmend beruhige ich meinen Körper.
Ausatmend fühle ich mich entspannt.

Einatmend lächle ich.
Ausatmend lasse ich los.

Im gegenwärtigen Moment verweilend,
weiß ich, dies ist ein wundervoller Moment.

Sie können dies wie folgt auch abkürzen und ein Wort oder einen Ausdruck pro Atemzug nehmen.

Ein. Aus.
Tief. Langsam.
Ruhig. Entspannt.
Lächeln. Loslassen.
Gegenwärtiger Moment. Wundervoller Moment.

Der gegenwärtige Moment ist der einzige Moment, der real ist. Ihre wichtigste Aufgabe ist, hier und jetzt zu sein und den gegenwärtigen Moment zu genießen.

Sitzmeditation

Durch die Sitzmeditation kehren wir zu uns nach Hause zurück, schenken uns selbst Aufmerksamkeit und Fürsorge. Jedesmal, wenn wir uns hinsetzen, sei es in unserem Wohnzimmer, am Fuße eines Baumes oder auf ein Kissen, können wir Ruhe und Stille ausstrahlen so wie der Buddha auf einem Altar. Unsere volle Aufmerksamkeit bringen wir zu dem, was in uns und um uns herum ist. Unseren Geist lassen wir weit werden und unser Herz sanft und freundlich. Wir können uns vollkommen erholen, wenn wir nur ein paar Minuten in dieser Weise sitzen. Sitzen wir friedvoll, atmen und lächeln wir in Gewahrsein, sind wir Meister unserer selbst.

Sitzmeditation ist sehr heilsam. Wir können mit dem sein, was in uns ist, sei es Schmerz, Wut, Ärger, Freude, Liebe oder Frieden. Wir sind mit dem, was immer es sein mag, ohne uns davon mitreißen zu lassen. Wir lassen es kommen, verweilen, dann wieder gehen. Es gibt für uns keine Notwendigkeit, etwas wegzuschieben, zu unterdrücken oder vorzugeben, unsere Gedanken wären nicht da. Stattdessen können wir die Gedanken und Bilder in unserem Geist mit einem annehmenden und liebevollen Blick beobachten. Trotz der Stürme, die in uns aufkommen, sind wir still und ruhig.

Auf diese Weise sitzend und atmend, schaffen wir unsere wahre Präsenz im Hier und Jetzt und bieten sie unserer Gemeinschaft und der Welt an. Das ist der Zweck des Sitzens: hier zu sein, vollkommen lebendig, vollkommen gegenwärtig.

Sitzmeditation sollte eine Freude sein. Sitzen Sie so, dass Sie sich während der gesamten Sitzperiode glücklich und entspannt fühlen. Sitzen ist keine harte Arbeit. Es ist eine Gelegenheit, Ihre eigene Gegenwart zu genießen, die Gegenwart Ihrer Familie oder Ihrer Mitübenden, der Erde, des Himmels und des Kosmos. Da gibt es keine Anstrengung.

Sitzen Sie auf einem Kissen, sollten Sie dafür sorgen, dass es die richtige Höhe hat, um sie zu unterstützen. Sie können in der vollen oder halben Lotosposition sitzen oder mit einfach gekreuzten Beinen oder wie immer es angenehm für Sie ist. Ihr Rücken sollte aufgerichtet sein, Ihre Hände liegen leicht gefaltet in Ihrem Schoß. Sitzen Sie auf einem Stuhl, vergewissern Sie sich, dass Ihre Füße fest auf dem Boden oder einem Kissen aufliegen. Wenn Ihre Beine während der Sitzmeditation einschlafen oder zu schmerzen beginnen, so verändern Sie Ihre Haltung achtsam. Indem Sie Ihrem Atem folgen, können Sie Ihre Konzentration aufrechterhalten, während Sie langsam und aufmerksam Ihre Position wechseln.

Erlauben Sie allen Muskeln, sich zu entspannen. Kämpfen Sie nicht. Es gibt Menschen, deren Körper nach fünfzehn Minuten Sitzmeditation überall schmerzt, weil Sie sich beim Sitzen anstrengen oder weil sie in ihrer Meditation erfolgreich sein wollen. Erlauben Sie sich einfach zu entspannen, so als säßen Sie am Meer.

Beginnen Sie dann, Ihrem Ein- und Ausatmen zu folgen. Wann immer ein Gefühl aufkommt, erkennen Sie es. Steigt ein Gedanke auf, erkennen und identifizieren Sie ihn. Sie können aus der Beobachtung dessen, was in Ihrem Körper und Geist während der Meditation geschieht, sehr viel lernen. Vor allem aber ist die Meditation eine Gelegenheit für Sie, nichts zu tun. Sie haben überhaupt nichts zu tun, genießen Sie einfach das Sitzen und das Ein- und Ausatmen.

Einatmend weiß ich, ich bin lebendig.
Ausatmend, lächle ich dem Leben in mir und um mich herum zu.

Lebendig zu sein ist ein Wunder. Einfach zu sitzen, das Einatmen und Ausatmen zu genießen, das ist bereits Glück. Da Sie ein- und ausatmen, wissen Sie, dass Sie lebendig sind. Das ist es doch wert gefeiert zu werden! Sitzmeditation bedeutet, das Leben mit dem Einatmen und Ausatmen zu feiern.

Es ist wichtig, dem Körper zu erlauben, sich vollständig zu entspannen. Versuchen Sie nicht, ein Buddha zu werden. Genießen Sie einfach das Sitzen und akzeptieren Sie sich so, wie Sie sind. Selbst wenn es in Ihrem Körper bestimmte Spannungen geben sollte, in Ihrem Herzen einige Schmerzen, akzeptieren Sie sich damit. Umarmen Sie Ihren Körper und Geist mit der Energie der Achtsamkeit, verweilen Sie in einer entspannten Haltung und genießen Sie Ihren Atem.

Einatmend bin ich angekommen.
Ausatmend fühle ich mich zuhause.

Sie müssen nicht mehr rennen, davonlaufen. Ihr wahres Zuhause ist im Hier und im Jetzt. Sie sind fest und Sie sind frei. Sie können lächeln und alle Muskeln im Gesicht entspannen.

Wir brauchen einige Übung, um in unserem Sitzen erfolgreich zu sein. Wir sind so daran gewöhnt, immer etwas zu tun – mit unserem Geist, mit unserem Körper –, dass es zunächst für uns schwierig sein kann, sich einfach hinzusetzen und nichts zu tun. Als Nelson Mandela für ein Treffen mit dem französischen Präsidenten François Mitterrand nach Frankreich kam, wurde er von Pressevertretern gefragt, was er denn am liebsten tun würde. Er sagte: „Was ich am liebsten täte, wäre, mich hinzusetzen und nichts zu tun. Seit meiner Entlassung aus dem Gefängnis bin ich so beschäftigt, dass ich keine Zeit habe, mich hinzusetzen und zu atmen. Was ich also am liebsten täte, wäre, mich hinzusetzen und nichts zu tun."

Hätte Nelson Mandela einige freie Tage, an denen er nur sitzen und atmen könnte, wüsste er dann, wie? Für die meisten von uns scheinen Sitzen und Nichtstun nicht einfach zu sein. Wir sind so daran gewöhnt, immer etwas zu tun. Wir brauchen einige Übung, um imstande zu sein, zu sitzen und nichts zu tun. Jeder von uns hat die Gewohnheitsenergie, immer etwas tun zu müssen. Haben wir mal nichts zu tun, können wir das gar nicht aushalten. Einfach nur sich hinsetzen und nichts tun ist eine Kunst, die Kunst der Sitzmeditation.

Wenn Sie Schwierigkeiten mit der Konzentration haben, dann ist das Zählen eine ausgezeichnete Technik. Einatmend zählen Sie „eins". Ausatmend zählen Sie „eins". Einatmend zählen Sie „zwei". Ausatmend zählen Sie „zwei". Fahren Sie auf diese Weise bis zehn fort und beginnen Sie dann von neuem. Vergessen Sie irgendwann, wo Sie mit dem Zählen sind, beginnen Sie wieder bei „eins". Die Zählmethode vermag uns davon abzuhalten, bei störenden Gedanken zu verweilen, stattdessen konzentrieren wir uns auf unser Atmen und Zählen. Haben wir einige Kontrolle über unser Denken entwickelt, wird das Zählen vielleicht ermüdend und wir können es aufgeben und nur unserem Atem folgen.

Sehen Sie die Meditation als einen Kampf an, um irgendwo hinzukommen, und strengen Sie sich an, um dabei erfolgreich zu sein, dann werden Sie sich nicht entspannen können. Schauen Sie aus dem Fenster. Vielleicht sehen Sie eine Linde oder eine Eiche. Der Baum ist schön und gesund, vollständig er selbst. Es scheint nicht so, als würde der Baum sich in irgendeiner Weise anstrengen. Er erlaubt sich, er selbst zu sein – frisch, grün, stabil. Vielleicht wächst der Baum auf einem Berg. Der Berg ist stark und fest, unterstützt alle Arten von Leben, ohne sich zu belasten oder anzustrengen. Praktizieren Sie Sitzmeditation, sind Sie so stabil und fest wie ein Baum. Sie können folgendermaßen üben:

Einatmend sehe ich mich als einen Berg.
Ausatmend genieße ich meine Festigkeit.

Lösen Sie die Spannung in Ihrem Körper und in Ihren Gefühlen, um in Ihrem Sitzen erfolgreich zu sein. Fühlen Sie sich wohl und behaglich in Ihrem sitzenden Körper. Genießen Sie das Einatmen und das Ausatmen. Geben Sie alles Kämpfen auf und genießen Sie das Sitzen und Lächeln. Das ist ein besonderer, ein privilegierter Moment, in dem Sie die Möglichkeit haben, auf diese Weise still zu sitzen. Sie sind Ihre eigene Insel. In diesem Moment kann niemand etwas von Ihnen wollen. Niemand wird Sie stören, niemand hat das Recht, Sie etwas zu fragen oder Sie aufzufordern, die Töpfe zu spülen oder das Badezimmer zu reinigen. Das ist Ihre kostbare Gelegenheit, sich zu entspannen und Sie selbst zu sein.

Gehmeditation

Der Geist kann in tausend Richtungen treiben,
ich aber wandere friedvoll
auf diesem schönen Pfad.
Mit jedem Schritt kommt ein sanfter Windhauch auf.
Eine Blüte öffnet sich mit jedem Schritt.

Wir gehen fast die ganze Zeit, doch das ist meist mehr ein Laufen und Rennen. Unsere eiligen Schritte drücken Angst und Sorgen in die Erde ein. Können wir einen Schritt in Frieden tun, dann können wir auch zwei, drei, vier und schließlich fünf Schritte für den Frieden und das Glück der Menschheit und der Erde tun.

Gehmeditation ist ein Gehen nur um des Gehens willen. Gehen ohne anzukommen, das ist die Technik. Das Sanskritwort *apranihita* bedeutet Wunschlosigkeit oder Absichtslosigkeit. Das bedeutet, dass wir uns nicht auf ein Ziel vor uns orientieren, auf das wir zueilen. Wenn wir Gehmeditation praktizieren, tun wir das in diesem Geist. Wir genießen einfach das Gehen, ohne ein besonderes Ziel, eine bestimmte Absicht dabei zu haben. Unser Gehen ist kein Mittel, um irgendwo anzukommen. Wir gehen um des Gehens willen.

Unser Geist neigt dazu, von einem zum anderen zu springen, wie ein Affe, der sich ohne Pause von Ast zu Ast schwingt. Gedanken haben Millionen von Wegstrecken und sie ziehen uns in die Welt der Achtlosigkeit hinein. Können wir den Pfad, den wir gehen, in ein Feld der Meditation verwandeln, dann werden unsere Füße jeden Schritt in vollkommener Achtsamkeit tun. Unser Atmen wird in Harmonie mit unseren Schritten und unser Geist wird ganz entspannt sein. Jeder unserer Schritte wird unseren Frieden und unsere Freude verstärken und ein Strom ruhiger Energie wird uns durchströmen. Dann können wir sagen: „… kommt ein sanfter Windhauch auf."

Sie können Gehmeditation jederzeit praktizieren, wenn Sie gehen, und sei es nur, dass sie von Ihrem Auto ins Büro gehen oder von der Küche ins Wohnzimmer. Lassen Sie sich genügend Zeit beim Gehen, statt nur drei Minuten erlauben Sie sich acht oder zehn. Zum Flughafen fahre ich stets eine Stunde früher, damit ich dort noch Zeit für eine Gehmeditation habe. Freunde wollen mich meist bis zur letzten Minute bei sich haben, aber ich widersetze mich dem. Ich sage ihnen, dass ich die Zeit brauche. Gehmeditation ist wie Essen. Wir nähren mit jedem Schritt unseren Geist und unseren Körper. Wenn wir mit Sorgen und Ängsten gehen, ist das eine Art junk food. Die Nahrung der Gehmeditation sollte von besserer Qualität sein. Gehen Sie einfach langsam und genießen Sie ein Bankett des Friedens.

A. J. Muste sagte: „Es gibt keinen Weg zum Frieden, Frieden ist der Weg." Achtsam zu gehen bringt uns Frieden und Freude und macht unser Leben wirklich. Warum eilen? Unser endgültiges Ziel wird doch nur der Friedhof sein. Warum nicht in Richtung Leben gehen und den Frieden in jedem Augenblick, mit jedem Schritt genießen? Es gibt keinen Grund zu kämpfen. Genießen Sie jeden Ihrer Schritte. Jeder Schritt bringt Sie zurück ins Hier und Jetzt. Das ist Ihr wahres Zuhause – denn nur in diesem Augenblick, an diesem Ort kann Leben möglich sein. Wir sind bereits angekommen.

Die Erde ist unsere Mutter. Sind wir zu lange von Mutter Natur entfernt, werden wir krank. In jedem Schritt unserer Gehmeditation berühren wir unsere Mutter, so dass es uns wieder gut gehen kann. Unserer Mutter Erde ist viel Schreckliches angetan worden; es ist an der Zeit, die Erde mit unseren Füßen zu küssen und unsere Mutter zu heilen.

Einige von uns sind vielleicht nicht in der Lage zu gehen. Bei der Gehmeditation während unserer Retreats sucht sich jede Person, die nicht gehen kann, jemanden aus, der Gehmeditation praktiziert, sie beobachtet ihn und wird eins mit ihm, folgt seinen Schritten in Achtsamkeit. Auf diese Weise macht sie zusammen mit ihrem Partner friedvolle, ruhige und gelassene Schritte, auch wenn sie selbst nicht gehen kann.

Diejenigen von uns, die zwei funktionierende Beine und Füße haben, sollten nicht vergessen, dankbar dafür zu sein. Wir gehen für uns und wir gehen für die, die nicht gehen können. Wir gehen für alle Lebewesen – in der Vergangenheit, Gegenwart und Zukunft.

Übung

Zu Beginn der Gehmeditation fühlen Sie sich vielleicht noch nicht sehr im Gleichgewicht, wie ein Säugling, der seine ersten Schritte macht. Folgen Sie Ihrem Atem, verweilen Sie achtsam bei Ihren Schritten und Sie werden schon bald Ihr Gleichgewicht gefunden haben. Stellen Sie sich einen langsam dahinschreitenden Tiger vor und schauen Sie, dass Ihre Schritte ähnlich majestätisch sind.

Sie möchten mit der Gehmeditation vielleicht am Morgen beginnen, damit die Energie der reinen Morgenluft Sie durchströmen kann. Ihre Bewegungen werden dadurch geschmeidig und Ihr Geist wird wach sein. Sie werden bemerken, dass Sie während des Tages aufmerksamer für Ihre Handlungen sind. Treffen Sie nach einer Gehmeditation Entscheidungen, werden Sie feststellen, dass Sie ruhiger und klarer sind, über mehr Einsicht verfügen und mitfühlender sind. Von jedem friedvollen Schritt, den Sie machen, werden alle Wesen, nah und fern, profitieren.

Schenken Sie während des Gehens jedem Schritt, den Sie machen, Aufmerksamkeit. Gehen Sie langsam. Eilen Sie nicht. Jeder Schritt bringt Sie in den besten Augenblick Ihres Lebens. Bei der Gehmeditation sind Sie sich der Anzahl der Schritte bewusst, die Sie bei jedem Atemzug machen. Nehmen Sie jeden Atemzug wahr und wie viele Schritte Sie beim Einatmen und Ausatmen jeweils machen. Bei der Gehmeditation bringen wir unsere Schritte mit unseren Atemzügen in Übereinstimmung und nicht umgekehrt. Machen Sie beim Einatmen zwei oder drei Schritte, abhängig von Ihrer Lungenkapazität. Wollen Ihre Lungen beim Einatmen zwei Schritte, dann geben Sie ihnen genau diese zwei Schritte. Fühlen Sie sich mit drei Schritten wohler, dann machen Sie drei Schritte. Achten Sie auch beim Ausatmen auf Ihre Lungen. Erkennen Sie, wie viele Schritte die Lungen beim Ausatmen von Ihnen wollen.

Normalerweise ist die Einatmung kürzer als die Ausatmung. So beginnen Sie die Übung vielleicht mit zwei Schritten für die Einatmung und drei Schritten für die Ausatmung, 2–3, 2–3, 2–3, 2–3. Oder 3–4, 3–4, 3–4. Im Verlauf der Übung wird unser Atem ganz natürlich langsamer und entspannter. Wenn Sie dann das Gefühl haben, einen Schritt mehr bei der Einatmung machen zu wollen, dann tun Sie das und genießen Sie es. Wann immer Sie das Gefühl haben, bei der Ausatmung einen Schritt mehr machen zu wollen, tun Sie es. Sie sollten sich an jedem Schritt erfreuen.

Versuchen Sie nicht, Ihre Atmung zu kontrollieren. Geben Sie Ihrer Lunge die Zeit und die Luft, die sie braucht, und beobachten Sie dabei einfach nur, wie viele Schritte Sie machen, während sich die Lunge füllt, und wie viele Schritte, wenn sie sich leert, und seien Sie Ihres Atems und Ihrer Schritte gewahr. Die Verbindung geschieht durch das Zählen.

Wenn Sie aufwärts oder abwärts gehen, wird sich die Zahl der Schritte pro Atemzug verändern. Folgen Sie dabei immer den Bedürfnissen Ihrer Lunge. Beachten Sie die ganz genau. Vergessen Sie dabei aber nicht zu lächeln. Ihr Halblächeln wird Ihren Schritten und Ihrem Atem Ruhe und Freude bringen und Ihnen dabei helfen, die Aufmerksamkeit zu bewahren. Nach einer halben oder ganzen Stunde Gehmeditation werden Sie spüren, dass Ihr Atem, Ihre Schritte, Ihr Zählen und Ihr Halblächeln ganz leicht zueinandergefunden haben.

Nach einiger Zeit der Übung merken Sie, dass Einatmung und Ausatmung sich in der Länge einander angenähert haben. Ihre Lunge wird kräftiger und Ihr Blut wird besser zirkulieren. Ihre Art des Atmens wird sich verändert haben.

Wir können bei der Gehmeditation unsere Schritte zählen oder Worte benutzen. Ist der Rhythmus unseres Atmens beispielsweise 3–3, können wir beim Gehen sagen: „Lotos-Blume blüht. Lotos-Blume blüht“ oder „Der grüne Planet. Der grüne Planet.“ Machen wir fünf Schritte beim Einatmen und fünf beim Ausatmen, können wir sagen: „Auf dem grünen Planeten gehen. Auf dem grünen Planeten gehen.“ Oder bei 5–6: „Auf dem grünen Planeten gehen, ich gehe auf dem grünen Planeten.“

Wir sagen nicht einfach nur die Worte. Wir sehen tatsächlich, wie die Blumen unter unseren Füßen erblühen. Wir werden wirklich eins mit unserem grünen Planeten. Nutzen Sie Ihre eigene Kreativität und Weisheit, um Ihre eigenen Worte zu schaffen. Im Folgenden sind einige von mir:

Jeder Schritt ist Frieden.
Die strahlende rote Sonne ist mein Herz.
Jede Blume lächelt mit mir.
Wie grün, wie frisch all das wächst.
Wie kühl die Brise des Windes.
Jeder Schritt ist Frieden.
Er wandelt den endlosen Pfad in Freude.

Sie gehen jeden Tag irgendwohin. Um die Übung der Gehmeditation Ihrem Leben hinzuzufügen, brauchen Sie also wenig zusätzliche Zeit, sie erfordert auch nicht, dass Sie irgendwo anders hingehen. Wählen Sie einen Ort – eine Treppe, einen Gehweg oder die Entfernung von einem Baum zum nächsten –, um jeden Tag Gehmeditation zu praktizieren. Jeder Pfad kann ein Pfad für die Gehmeditation sein.

Aufwachen

Wir können unseren Tag mit einem Lächeln und der Absicht beginnen, uns ganz dem Pfad der Liebe und des Verstehens zu widmen. Wir werden gewahr, dass heute ein frischer, neuer Tag ist und wir vierundzwanzig kostbare Stunden vor uns haben.

Übung

Wenn Sie am Morgen aufwachen und die Augen öffnen, möchten Sie vielleicht diesen kurzen Vers der Achtsamkeit rezitieren:

Ich wache auf und lächle.
Vierundzwanzig neue Stunden liegen vor mir.
Ich gelobe, jeden Augenblick bewusst zu leben
und alle Wesen mit den Augen des Mitgefühls zu betrachten.

Die letzte Zeile dieses Verses entstammt dem Lotos-Sutra.[1] Der alle Wesen mit den Augen des Mitgefühls betrachtet, wie es in dieser Zeile heißt, der dem Weinen, den Schreien in der Welt lauscht, das ist Bodhisattva Avalokitesvara. In diesem Sutra heißt es: „Alle Wesen werden mit Augen der liebenden Güte betrachtet." Liebe ohne Verstehen ist unmöglich. Um andere verstehen zu können, müssen wir sie kennen und in ihre Haut schlüpfen. Dann können wir sie mit liebender Güte behandeln. Unser vollkommen erwachter Geist ist die Quelle der Liebe.

Nach dem Aufwachen öffnen Sie vielleicht die Vorhänge und schauen nach draußen. Sie öffnen die Fenster und spüren die kühle Morgenluft, während der Tau noch auf dem Gras liegt. Wenn Sie aus dem geöffneten Fenster schauen, können Sie sehen, dass das Leben so unendlich wundervoll ist. In diesem Augenblick können Sie geloben, den ganzen Tag wach zu sein und Frieden, Freude, Harmonie und Freiheit zu verwirklichen. Tun Sie dies, wird Ihr Geist klar wie ein ruhig dahinfließender Strom.

Versuchen Sie, direkt aufzustehen, nachdem Sie sich an drei tiefen Atemzügen erfreut haben, die Sie in die Achtsamkeit bringen. Verschieben Sie nicht das Aufwachen. Setzen Sie sich aufrecht hin und massieren Sie sanft Ihren Kopf, den Hals, die Schultern und die Arme, damit Ihr Blut besser zirkuliert. Vielleicht strecken Sie sich einige Male, um die Gelenke zu lockern und Ihren Körper wacher zu machen. Auch ein warmes Glas Wasser zu trinken ist gut für den Körper am Morgen.

Waschen Sie sich und tun Sie, was nötig ist, bevor Sie zur Arbeit, zur Schule oder in die Meditationshalle gehen. Planen Sie genügend Zeit ein, damit Sie nicht hetzen müssen. Wenn es noch sehr früh am Tag ist, freuen Sie sich am dunklen Morgenhimmel. Viele Sterne blinken und grüßen uns. Atmen Sie tief ein und aus und genießen Sie die kühle, frische Luft. Gehen Sie langsam zum Auto, zur Schule, zur Arbeit oder in die Meditationshalle und lassen Sie sich vom Morgen erfüllen, Ihren Geist und Körper zur Freude eines neuen Tages erweckend.

Wie kann man besser einen Tag beginnen als mit einem Lächeln? Ihr Lächeln bestätigt und bekräftigt Ihr Gewahrsein und Ihre Entschlossenheit, in Frieden und Freude zu leben. Wie viele Tage lassen Sie achtlos vorbeiziehen? Was tun Sie mit Ihrem Leben? Schauen Sie tief und lächeln Sie. Ein erwachter Geist ist die Quelle eines wahrhaften Lächelns.

Wie können Sie sich beim Aufwachen daran erinnern zu lächeln? Vielleicht hängen Sie eine Erinnerung – einen Ast, ein Blatt, ein Bild oder einige inspirierende Worte – an Ihr Fenster oder an die Decke über Ihrem Bett. Sobald Sie die Praxis des Lächelns für sich weiter entwickelt haben, werden Sie kein solches Zeichen mehr brauchen. Sie werden lächeln, sobald Sie einen Vogel singen hören oder das Sonnenlicht durch das Fenster dringt, und dies wird Ihnen helfen, den Tag mit mehr Sanftheit und Verstehen anzugehen.

Die Glocke

Manchmal brauchen wir ein Geräusch, einen Klang als Erinnerung, um zum bewussten Atmen zurückzukehren und wir nennen diese Klänge „Glocken der Achtsamkeit". In Plum Village und den anderen Praxiszentren meiner Tradition halten wir inne, sobald wir das Telefon läuten hören, die Uhr schlagen oder den Klang der Klosterglocke hören. Das sind unsere Glocken der Achtsamkeit. Beim Klang der Glocke hören wir auf zu reden und uns zu bewegen. Wir entspannen unseren Körper und werden unseres Atems gewahr. Wir tun das ganz natürlich, mit Freude, ohne feierlichen Ernst oder steife Förmlichkeit. Wenn wir innehalten und unsere Ruhe und unseren Frieden wiederherstellen, werden wir frei, unsere Arbeit wird uns mehr Freude machen und die Freundinnen und Freunde um uns werden für uns realer.

Manchmal ist vielleicht unser Körper zuhause, aber wir sind es nicht wirklich. Unser Geist ist woanders. Die Glocke kann helfen, den Geist zurück zum Körper zu bringen. So praktizieren wir in einem Tempel. Weil die Glocke uns dabei helfen kann, zu uns selbst zurückzukehren, zurück zum gegenwärtigen Moment, betrachten wir die Glocke als eine Freundin, eine Bodhisattva, die uns hilft, wieder zu uns selbst zu erwachen.

Zuhause können wir das Telefonläuten, die Kirchenglocke in unserer Nähe, das Weinen eines Säuglings oder sogar den Klang einer Sirene oder eines Autoalarms als unsere Glocken der Achtsamkeit nutzen. Mit drei bewussten Atemzügen können wir die Spannung in Körper und Geist lösen und zu einem klaren Seinszustand zurückkehren.

In Vietnam war ich an den Klang der buddhistischen Tempelglocke gewöhnt. Als ich in den Westen kam, gab es keine buddhistische Glocke, ich hörte nur Kirchenglocken. Eines Tages – ich war zu der Zeit schon einige Jahre in Europa – machte ich in Prag Gehmeditation. Plötzlich hörte ich den Klang einer Kirchenglocke und war zum ersten Mal in der Lage, die Seele des alten Europas tief zu berühren. Seitdem berühre ich stets die Seele Europas, wenn ich irgendwo, sei es in Deutschland, Frankreich oder Russland, eine Kirchenglocke höre. Für diejenigen unter uns, die sich nicht in Achtsamkeit üben, bedeutet der Glockenklang nicht viel. Doch für diejenigen, die es tun, wird der Klang eine tiefe spirituelle Bedeutung haben und die wundervollsten Dinge in uns erwecken.

In unserer Tradition sprechen wir nicht davon, eine Glocke zu „schlagen", sondern wir „laden sie ein zu erklingen". Und die Person, die die Glocke einlädt, ist „die Glockenmeisterin", „der Glockenmeister". Und der Holzstock, der die Glocke einlädt, ist „der Einladende". Es gibt sehr viele Arten von Glocken: große Glocken, die vom ganzen Dorf oder in der Nachbarschaft gehört werden, kleinere Glocken, die Aktivitäten ankündigen und überall im Praxiszentrum gehört werden, die Glocke in der Meditationshalle, die uns bei der Atem- und Sitzpraxis hilft, und dann gibt es noch eine ganz kleine Glocke, die in eine Tasche passt und die wir überallhin mitnehmen können.

Es ist sehr wichtig, uns darin zu üben, die Glocke einladen zu können. Sind wir gefestigt, wach, frei und sehr achtsam, dann kann der von uns eingeladene Klang der Glocke Menschen dabei helfen, das Tiefste in sich zu berühren.

Wollen Sie als Glockenmeister die Glocke einladen zu erklingen, dann verbeugen Sie sich als Erstes vor der Glocke. Die Glocke ist wie eine Freundin, die Ihnen hilft, den Geist zum Körper zurückzubringen. Sind Geist und Körper zusammen, sind wir im Hier und Jetzt und wir können unser Leben tiefer leben.

Haben Sie eine kleine Glocke, die in Ihre Hand passt, so platzieren Sie diese Glocke, nachdem Sie sich vor ihr verbeugt haben, auf Ihre Handfläche. Stellen Sie sich vor, Ihre Hand ist eine Lotosblume mit fünf Blütenblättern und die kleine Glocke ist wie ein Juwel in der Lotosblume. Während Sie die Glocke in dieser Weise halten, atmen Sie achtsam ein und aus. Es gibt einen Vers, der Ihnen hilft, den Geist zurück zum Körper zu bringen, so dass Sie wahrhaft präsent sein können. Sind Sie nicht wahrhaft im Hier und Jetzt gegenwärtig, können Sie kein guter Glockenmeister sein. Nachdem Sie zweimal mit diesem Vers ein- und ausgeatmet haben, sind Sie als gute Glockenmeisterin qualifiziert.

Körper, Rede und Geist in vollkommener Einheit
folgt mein Herz dem Klang der Glocke.
Mögen alle, die diesen Klang hören, aus der Unachtsamkeit
erwachen und ihre Ängste und Sorgen überwinden.

Der Vers umfasst vier Zeilen: eine für das Einatmen, eine für das Ausatmen, eine für das Einatmen, eine für das Ausatmen. Wenn Sie sich nicht mehr an den Text des Verses erinnern können, ist es auch in Ordnung. Sie atmen dann einfach ein und erfreuen sich Ihres Einatmens, und Sie atmen aus und erfreuen sich Ihres Ausatmens. Auch das wird Sie zum Glockenmeister machen. Aber der Vers ist sehr schön. Nun sind Sie bereit, die Glocke einzuladen zu erklingen.

Zum sanften Aufwecken der Glocke machen Sie zunächst einen Halb-Klang. Dies ist ein sehr wichtiger Hinweis für die Glocke und für die Anwesenden. Seien Sie sanft zu der Glocke, damit es keine Überraschung für sie sein wird. Sie lassen damit auch die Menschen wissen, dass es sehr bald einen vollen Glockenklang geben wird, so dass sie sich darauf vorbereiten können, den Klang in wahrhafter Präsenz zu empfangen. In einem Praxiszentrum ist der Klang der Glocke wie die Stimme des Buddha in uns, die uns nach Hause ruft. Wenn Sie die Glocke aufwecken, werden die Menschen aufhören, zu denken und zu reden, und werden zu ihrem Atem zurückkehren, während sie den Klang der Glocke erwarten. Sie müssen ihnen genügend Zeit geben, sich auf den vollen Glockenklang vorzubereiten. Geben Sie ihnen dazu die Zeit einer Einatmung und einer Ausatmung. Die Anwesenden mögen vielleicht noch aufgeregt sein oder miteinander reden oder über etwas nachdenken. Doch wenn sie den Halb-Klang hören, wissen sie, dass sie innehalten sollten – aufhören zu denken, aufhören zu sprechen, aufhören, irgendwelche Dinge zu tun – und sich darauf vorzubereiten, die Glocke zu hören.

Laden Sie dann die Glocke zu einem vollen Klang ein. Atmen Sie dreimal tief ein und aus. Wenn Sie das Einatmen und Ausatmen genießen, werden Sie nach den drei Atemzügen entspannt, ruhig, gelassen und achtsam sein. Sie können während des Ein- und Ausatmens auch das folgende Gedicht rezitieren.

Höre, höre
dieser wundervolle Klang
trägt mich zurück
zu meinem wahren Selbst.

„Höre, Höre“, bedeutet, während des Einatmens mit dem ganzen Herzen zu lauschen. „Mein wahres Selbst“ ist das Leben mit all seinen Wundern, die uns im Hier und Jetzt verfügbar sind. Praktizieren Sie gut, dann werden das Reich Gottes und das Reine Land des Buddha verfügbar sein, wann immer Sie mit dem Klang der Glocke zu sich selbst zurückkehren.

Telefonmeditation

Unterschätzen Sie nicht die Macht der Worte, wenn Sie sich in Rechter Rede üben. Die Worte, die wir sprechen, können Verstehen und Liebe schaffen. Sie können so schön wie Edelsteine sein, so lieblich wie Blumen und sie können viele Menschen glücklich machen. Doch beim Telefonieren sind wir oft mit vielen Dingen gleichzeitig beschäftigt und achten gar nicht auf unser Sprechen.

Das Telefon ist ein sehr gebräuchliches Kommunikationsmittel, vor allem als Mobiltelefon. Es erspart uns Reisezeit und Kosten. Doch das Telefon kann uns auch tyrannisieren. Wenn es dauernd klingelt, werden wir ständig gestört und bringen nicht viel zu Ende. Telefonieren wir ohne Gewahrsein, verschwenden wir kostbare Zeit und Geld. Oft reden wir über unwichtige Dinge, während um uns herum die Freuden des gegenwärtigen Momentes sind: ein Kind, das unsere Hand nehmen will, Vogelgezwitscher, Sonnenschein.

Klingelt das Telefon, schafft das Geräusch eine Art Vibration in uns, manchmal auch eine Anspannung: „Wer wird das sein? Sind es gute oder schlechte Nachrichten?“ Eine Macht zieht uns zum Hörer. Wir können nicht widerstehen. Wir werden so leicht zum Opfer unseres eigenen Telefons.

Übung

Bleiben Sie beim nächsten Telefonklingeln genau da, wo Sie sind, und werden Sie Ihres Atems gewahr. „Einatmend beruhige ich meinen Körper. Ausatmend lächle ich.“ Beim zweiten Klingeln atmen Sie erneut bewusst. Verfahren Sie ebenso, wenn es zum dritten Mal klingelt. Nehmen Sie dann den Hörer ab oder drücken Sie die Verbindungstaste. Erinnern Sie sich daran, dass Sie Ihr eigener Meister sein können, sich bewegen können wie ein Buddha, verweilend in Achtsamkeit. Wenn Sie zum Telefon greifen, so lächeln Sie, nicht nur um Ihres Wohles willen, sondern auch zum Wohl der anderen Person. Sind Sie ärgerlich oder wütend, wird der andere Ihre Negativität empfangen. Doch welch ein Glück für die anderen, da Sie lächeln.

Bevor Sie Ihrerseits ein Telefonat führen, atmen Sie zweimal ein und aus und rezitieren Sie diesen Vers:

Worte können Tausende von Kilometern zurücklegen.
Mögen meine Worte gegenseitiges Verstehen und Liebe bewirken.
Mögen Sie rein sein wie kostbare Edelsteine,
wie Blumen so schön.

Nehmen Sie dann das Telefon und wählen Sie die Nummer. Vielleicht atmet Ihr Freund und lächelt, wenn er das Klingeln hört, und wird den Hörer erst beim dritten Klingeln abnehmen. Fahren Sie mit Ihrer Übung fort: „Einatmend beruhige ich meinen Körper. Ausatmend lächle ich." Beide sind Sie nun am Telefon, atmend und lächelnd. Das ist sehr schön! Sie müssen für diese wundervolle Praxis nicht in eine Meditationshalle gehen. Sie steht Ihnen zuhause oder im Büro jederzeit zur Verfügung. Telefonmeditation kann Stress und Depression entgegenwirken und den Buddha in Ihr alltägliches Leben bringen.

Verbeugen

Grüßen wir einen anderen Menschen mit einer Verbeugung, gibt uns das die Gelegenheit, mit ihm gegenwärtig zu sein und die Fähigkeit zum vollkommenen Erwachen in uns und dem anderen anzuerkennen. Wir verbeugen uns nicht, nur um höflich oder diplomatisch zu sein, sondern um das Wunder des Lebendigseins und das Potenzial des Erwachens, das jedem Menschen innewohnt, zu würdigen. Sich zu verbeugen oder nicht zu verbeugen, das ist nicht die Frage. Das Entscheidende ist, dabei achtsam zu sein.

Übung

Legt jemand die Handflächen zusammen, um sich vor uns zu verbeugen, können wir dasselbe tun. Beim Zusammenlegen der Handflächen atmen wir ein und sagen still: „Ein Lotos für dich." Wir beugen unseren Kopf, atmen aus und sagen: „Ich sehe den Buddha in dir." Wir tun dies in Achtsamkeit und sind uns der Person vor uns wahrhaft bewusst. Wir verbeugen uns mit aller Aufrichtigkeit unseres Herzens. Manchmal spüren wir vielleicht eine tiefe Verbindung zu dem, was wir sehen, empfinden ein Gefühl der Ehrfurcht für die Wunder des Lebens – sei es eine Blume, ein Sonnenuntergang, ein Baum oder ein kühler Regentropfen –, dann können wir uns verbeugen, um unsere Präsenz und Dankbarkeit auszudrücken.

Wenn wir uns vor dem Buddha verbeugen, würdigen wir damit die uns innewohnende Fähigkeit zu erwachen. Dem Buddha mit diesem Verständnis und auf diese Weise Respekt zu erweisen, ist nicht nur eine Praxis der Hingabe, sondern auch der Weisheit. Verbeugen wir uns vor den großen Bodhisattvas, berühren wir auf tiefe Weise die Qualitäten, die sie verkörpern, und empfinden große Dankbarkeit für die, die ihrem Beispiel folgen. Indem wir den großen Bodhisattvas Respekt bezeugen, zeigen wir auch unsere große Entschlossenheit, den Bodhisattva-Pfad zu praktizieren und die Energie von Verstehen, Liebe und Mitgefühl in uns selbst zu kultivieren. Das Verbeugen ist in diesem Sinne verstanden eine Meditationspraxis.

Achtsamkeitsverse (Gathas)

Die Meditationen des Atmens, Sitzens und Gehens sind wundervoll, doch sind wir in unserem alltäglichen Leben oftmals so beschäftigt, dass wir unsere Absicht, achtsam zu atmen und zu gehen, vollkommen vergessen. Achtsamkeitsverse oder Gathas sind ein hilfreiches Instrument, mehr im gegenwärtigen Moment zu verweilen. Gathas sind kurze Verse, die uns helfen, Achtsamkeit in unseren alltäglichen Verrichtungen zu praktizieren. Ein Gatha kann uns für Erfahrungen ganz einfacher Handlungen, die wir nur allzu oft als selbstverständlich ansehen, öffnen oder sie vertiefen. Richten wir unseren Geist auf ein Gatha aus, dann kehren wir zu uns selbst zurück und werden uns jeder unserer Handlungen bewusst. Nach der Rezitation eines Gathas setzen wir unser Tun mit erhöhter Aufmerksamkeit fort. In Plum Village üben wir mit Gathas, wenn wir aufwachen, die Meditationshalle betreten, unser Mahl zu uns nehmen, wenn wir abwaschen. Tatsächlich rezitieren wir Gathas still während des gesamten Tages, um auf den gegenwärtigen Moment zu achten.

Beim Autofahren helfen uns die Verkehrshinweise, unseren Weg zu finden. Sehen wir ein Hinweisschild, weist uns das bis zum nächsten Schild den Weg. Üben wir mit Gathas, können sie uns durch unsere alltäglichen Aktivitäten leiten und wir können den ganzen Tag in Gewahrsein leben.

Betrachten Sie beim Aufdrehen des Wasserhahns eingehend das Wasser und erkennen Sie, wie kostbar es ist. Denken Sie daran, keinen einzigen Tropfen zu vergeuden, denn es gibt so viele Menschen auf der Welt, die nicht genug Trinkwasser haben.

Wasser strömt aus den Höhen der Berge,
Wasser fließt tief in der Erde.
Das Wasser kommt zu uns wie ein Wunder
und bewahrt alles Leben.

Beim Zähneputzen können Sie mit Hilfe des folgenden Gathas geloben, sich in liebevollem Sprechen zu üben.

Wenn ich meine Zähne putze
Und meinen Mund ausspüle,
gelobe ich, liebevoll und klar zu sprechen.
Ist mein Mund wohlriechend voll rechter Rede,
blüht eine Blume im Garten meines Herzens.

Bevor Sie den Motor Ihres Autos starten, können Sie sich mit der Rezitation des folgenden Verses auf eine sichere Reise vorbereiten.

Bevor ich den Wagen anlasse,
weiß ich, wohin ich fahre.
Der Wagen und ich sind eins.
Wenn das Auto schnell ist,
bin auch ich schnell.

Gathas bringen Geist und Körper zusammen. Mit ruhigem, klarem Geist, im Gewahrsein der Aktivitäten Ihres Körpers sind Sie weniger gefährdet, in einen Autounfall verwickelt zu werden.

Gathas sind Nahrung für unseren Geist und Körper; sie geben Ihnen Frieden, Ruhe und Freude, die Sie mit anderen teilen können. Diese Verse helfen Ihnen, eine ununterbrochene Meditationspraxis in Ihren Alltag und in all Ihre Aktivitäten zu bringen. Sie können mit den Gathas in diesem Buch beginnen, weitere finden Sie in dem Buch *Gegenwärtiger Moment, wundervoller Moment*[2] oder Sie können Ihre eigenen erfinden und niederschreiben. Das Schreiben eigener Verse hat im Zen eine lange Tradition, ich habe sie von meinem Meister übernommen und gebe sie weiter an meine Schülerinnen und Schüler.

Ich bin angekommen, ich bin zuhause

Stellen Sie sich vor, Sie fliegen nach New York. Sobald Sie ihren Platz eingenommen haben, denken Sie: „Ich muss jetzt hier sechs Stunden sitzen, bevor ich ankomme." Im Flugzeug sitzend denken Sie nur an New York und sind nicht imstande, die Augenblicke wirklich zu leben, die sich Ihnen jetzt bieten. Doch es ist möglich, in ein Flugzeug zu steigen und dabei jeden Schritt zu genießen. Sie müssen nicht erst in New York ankommen, um glücklich und friedvoll zu sein. Auf dem Weg ins Flugzeug bringt Ihnen jeder Schritt Glück und Sie kommen in jedem Moment an. Ankommen bedeutet irgendwo ankommen. Bei der Übung der Gehmeditation kommen wir in jedem Augenblick an – wir kommen am Ziel des Lebens an. Der gegenwärtige Moment ist das Ziel. Einatmend mache ich einen Schritt und noch einen Schritt und sage zu mir: „Ich bin angekommen. Ich bin angekommen."

„Ich bin angekommen", ist unsere Praxis. Beim Einatmen nehmen wir Zuflucht zum Einatmen und sagen: „Ich bin angekommen." Machen wir einen Schritt, nehmen wir Zuflucht zu diesem Schritt und sagen: „Ich bin angekommen." Das ist keine Behauptung sich selbst oder anderen gegenüber. „Ich bin angekommen", bedeutet, ich habe aufgehört zu rennen. Ich bin im gegenwärtigen Moment angekommen, denn nur der gegenwärtige Moment umfasst Leben. Atme ich ein und nehme Zuflucht zum Einatmen, berühre ich das Leben auf tiefste Weise. Mache ich einen Schritt und nehme vollständig Zuflucht zu meinem Schritt, berühre ich ebenfalls das Leben auf tiefe Weise, und indem ich das tue, höre ich auf zu rennen.

Mit dem Rennen, Hetzen und Eilen aufzuhören ist eine sehr wichtige Praxis. Wir sind unser ganzes Leben lang gerannt. Wir glauben, dass Frieden, Glück und Erfolg an einem anderen Ort, zu einer anderen Zeit gegenwärtig sind. Wir wissen nicht, dass wir nach allem – Frieden, Glück und Stabilität – im Hier und Jetzt Ausschau halten sollten. Das ist die Adresse des Lebens – wo das Hier und Jetzt sich kreuzen.

Praktizieren wir diese Meditation, kommen wir in jedem Moment an. Unser wahres Zuhause ist im gegenwärtigen Moment. Wenn wir tief in diesen Moment eintreten, werden unser Kummer und unsere Sorgen verschwinden und wir werden das Leben mit all seinen Wundern entdecken.

Übung

Ich bin angekommen.
Ich bin zuhause.
Im Hier und im Jetzt.
Ich bin fest. Ich bin frei.
Im Letztendlichen verweile ich.

Dieser Vers eignet sich gut für die Gehmeditation. Beim Einatmen sagen Sie bei jedem Schritt „angekommen" und beim Ausatmen sagen Sie bei jedem Schritt „zuhause". Ist Ihr Rhythmus 2–3, werden Sie sagen: „Angekommen. Angekommen. Zuhause, zuhause, zuhause", und koordinieren die Worte und Schritte mit dem Atemrhythmus.

Nachdem Sie eine Weile mit „angekommen/zuhause" praktiziert haben und sich entspannt und bei jedem Schritt vollkommen gegenwärtig fühlen, können Sie zu „Hier/Jetzt" übergehen. Die Worte unterscheiden sich, doch die Übung ist die gleiche.

Dieser Vers funktioniert auch bei der Sitzmeditation. Einatmend sagen wir zu uns: „Ich bin angekommen." Ausatmend sagen wir: „Ich bin zuhause." So überwinden wir

Zerstreutheit und Unachtsamkeit und verweilen friedvoll im gegenwärtigen Augenblick, dem einzigen, in dem wir lebendig sind.

„Ich bin angekommen“, ist eine Übung, eine Praxis, es ist keine Feststellung oder Behauptung. Ich bin im Hier und Jetzt angekommen und ich kann das Leben mit all seinen Wundern auf tiefe Weise berühren. Der Regen ist ein Wunder, der Sonnenschein ist ein Wunder, die Bäume sind Wunder, die Gesichter von Kindern sind Wunder. Es gibt so viele Wunder des Lebens um uns und in uns. Ihre Augen sind ein Wunder, Sie müssen sie nur öffnen und schon sehen Sie alle Arten von Formen und Farben. Ihr Herz ist ein Wunder. Wenn Ihr Herz zu schlagen aufhört, dann kann nichts weitergehen.

Wenn Sie zum gegenwärtigen Augenblick, nach Hause, zurückkehren, dann berühren Sie die Wunder des Lebens, die in Ihnen sind und die Sie umgeben. Genießen Sie einfach diesen Moment; Sie müssen nicht auf morgen warten, um Frieden und Freude zu erleben. Beim Einatmen sagen Sie: „Ich bin angekommen“, und Sie werden wissen, ob Sie abgekommen sind oder nicht; Sie werden wissen, ob Sie noch immer rennen oder nicht. Selbst beim stillen Sitzen kann man mit dem Geist noch rennen. Haben Sie das Gefühl, angekommen zu sein, werden Sie sehr glücklich sein und Ihrem Freund sagen: „Lieber Freund, ich bin wirklich angekommen.“ Welch gute Nachricht!

Zuflucht nehmen

Sind wir in einer gefährlichen oder schwierigen Situation oder haben wir das Gefühl, uns selbst zu verlieren, können wir Zuflucht nehmen. Statt in Panik zu verfallen oder uns der Verzweiflung anheimzugeben, können wir unser Vertrauen auf die Selbstheilungskräfte, die Kräfte des Verstehens und der Liebe in uns setzen. Wir nennen das die Insel in uns selbst, zu der wir Zuflucht nehmen können. Es ist eine Insel des Friedens, des Vertrauens, der Festigkeit, Liebe und Freiheit. Seien Sie eine Insel für sich selbst. Sie müssen nirgendwo sonst danach Ausschau halten.

Wir wollen uns sicher und beschützt fühlen. Wir möchten uns ruhig fühlen. Wenn also eine Situation turbulent zu werden droht, uns überwältigt oder voller Leiden ist, sollten wir Zuflucht zum Buddha nehmen, dem Buddha in uns. Jeder von uns trägt den Samen der Buddhaschaft in sich, die Fähigkeit zur Ruhe, zum Verstehen und Mitgefühl, die Fähigkeit Zuflucht zu nehmen zu unserer inneren Insel der Sicherheit, so dass wir unsere Menschlichkeit, unseren Frieden, unsere Hoffnung bewahren können. Auf diese Weise praktizierend werden wir zu einer Insel des Friedens und des Mitgefühls und wir werden andere inspirieren, es uns gleich zu tun.

Mit Hilfe dieses Gathas können Sie zu sich selbst zurückkehren, wo immer Sie sind:

Einatmend kehre ich zur Insel in mir zurück.
Auf der Insel gibt es wunderschöne Bäume.
Es gibt Ströme von erfrischendem Wasser,
Vögel, Sonnenschein und frische Luft.
Ausatmend fühle ich mich sicher.

Wir sind wie ein Boot, das den Ozean überquert. Kommt ein Sturm auf und alle Insassen geraten in Panik, dann wird das Boot kentern. Aber wenn da nur ein Mensch im Boot ist, der Ruhe zu bewahren vermag, dann kann er durch sein Beispiel auch andere dazu inspirieren, ruhig zu bleiben. Dann gibt es für die ganze Besatzung Hoffnung. Wer ist dieser Mensch, der in unruhigen, schwierigen Situationen ruhig bleiben kann? Jeder von uns ist dieser Mensch. Wir zählen auf jeden, auf jede von uns.

Die Fünf Achtsamkeitsübungen[3]

Die Fünf Achtsamkeitsübungen gehören zu den konkretesten Wegen der Achtsamkeitspraxis. Sie sind nicht-sektiererisch und ihrem Wesen nach universell. Sie sind wahrhaft die Übungen von Mitgefühl und Verstehen. In allen spirituellen Traditionen gibt es Entsprechungen zu den Fünf Achtsamkeitsübungen als Richtlinien oder Wegweiser, wie man auf die vielen verschiedenen, manchmal ungesunden Wahlmöglichkeiten, die unsere Gesellschaft bietet, reagieren kann.

Die erste Übung beinhaltet den Schutz des Lebens, das Verringern der Gewalt in uns, in der Familie, in der Gesellschaft. Die zweite Übung bedeutet, soziale Gerechtigkeit zu praktizieren, Großzügigkeit, Nicht-Stehlen und andere Lebewesen nicht auszubeuten. Die dritte bezieht sich auf verantwortungsvolles sexuelles Verhalten, um Einzelne, Paare, Familien und Kinder zu schützen. Die vierte beinhaltet die Übung des tiefen Zuhörens und liebevollen Sprechens, um die Kommunikation wiederherzustellen und Versöhnung zu ermöglichen. Die fünfte bezieht sich auf achtsames Konsumieren, damit wir unserm Körper und Geist keine Gifte zufügen, keine Fernsehsendungen, Zeitschriften, Filme und so weiter konsumieren, die vielerlei Gifte wie Gewalt, Begierden und Hass enthalten.

Die Fünf Achtsamkeitsübungen basieren auf den Regeln, die als Grundlage für die Gemeinschaft der Laien zu Lebzeiten des Buddha entwickelt wurden.

Ich habe diese Regeln für die heutige Zeit als Die Fünf Achtsamkeitsübungen übersetzt, weil Achtsamkeit die Grundlage jeder einzelnen ist. Mit Achtsamkeit sind wir dessen gewahr, was in unserem Körper, unseren Gefühlen, unserem Geist und in der Welt geschieht, und wir lassen davon ab, uns und anderen zu schaden. Achtsamkeit beschützt uns, unsere Familie und unsere Gesellschaft und gewährleistet uns eine sichere und glückliche Gegenwart und eine sichere und glückliche Zukunft. Sind wir achtsam, können wir erkennen: Dadurch, dass wir davon absehen Dieses zu tun, verhindern wir, dass Jenes geschieht. Wir gelangen zu unserer höchst eigenen Einsicht, folgen keiner äußeren Autorität. Sie ist die Frucht unserer eigenen Wahrnehmung und Beobachtung. Die Achtsamkeitsübungen zu praktizieren hilft uns von daher, ruhiger und konzentrierter zu sein. Wir gelangen zu tieferer Einsicht und Erleuchtung, was unsere Praxis der Achtsamkeitsübungen stabilisiert.

In den Praxiszentren meiner Tradition haben sich sowohl die Nonnen und Mönche als auch die Laien bereit erklärt, diesen Übungen zu folgen, um die Praxis des achtsamen und harmonischen Zusammenlebens zu unterstützen. In all unseren Zentren gilt es die zentralen Teile der Fünf Achtsamkeitsübungen zu beachten – nicht zu rauchen, keinen Alkohol zu trinken, kein sexuelles Fehlverhalten zu begehen.

Jeder kann sich jederzeit dafür entscheiden, gemäß den Fünf Achtsamkeitsübungen zu leben. Wenn wir diese Fünf Achtsamkeitsübungen praktizieren, werden wir Bodhisattvas, die Harmonie schaffen, die Umwelt schützen, Frieden sicherstellen helfen und die Brüderlichkeit und Schwesterlichkeit kultivieren. Wir sichern nicht nur die Schönheiten unserer Kultur, sondern ebenso die anderer Kulturen; wir suchen alle Schönheit der Erde zu schützen. Mit den Fünf Achtsamkeitsübungen im Herzen sind wir bereits auf dem Pfad der Transformation und Heilung.

Die erste Achtsamkeitsübung: Ehrfurcht vor dem Leben

Im Bewusstsein des Leidens, das durch die Zerstörung von Leben entsteht, bin ich entschlossen, Mitgefühl und Einsicht in das „Intersein“ zu entwickeln und Wege zu erlernen, das Leben von Menschen, Tieren, Pflanzen und unserer Erde zu schützen. Ich bin entschlossen, nicht zu töten, es nicht zuzulassen, dass andere töten, und keine Form des Tötens zu unterstützen, weder in der Welt noch in meinem Denken oder in meiner Lebensweise.

Im Wissen, dass schädliche Handlungen aus Ärger, Angst, Gier und Intoleranz entstehen, die ihrerseits dualistischem und diskriminierendem Denken entspringen, werde ich mich in Unvoreingenommenheit und Nicht-Festhalten an Ansichten üben, um Gewalt, Fanatismus und Dogmatismus in mir selbst und in der Welt zu transformieren.

Die zweite Achtsamkeitsübung: Wahres Glück

Im Bewusstsein des Leidens, das durch Ausbeutung, soziale Ungerechtigkeit, Diebstahl und Unterdrückung entsteht, bin ich entschlossen, Großzügigkeit in meinem Denken, Reden und Handeln zu praktizieren. Ich bin entschlossen, nicht zu stehlen und nichts zu besitzen, was anderen zusteht. Ich werde meine Zeit, Energie und materiellen Mittel mit denen teilen, die sie brauchen. Ich werde mich in tiefem Schauen üben, um zu erkennen, dass das Glück und das Leiden anderer nicht getrennt sind von meinem Glück und meinem Leiden, dass wahres Glück nur möglich ist mit Verstehen und Mitgefühl und dass es viel Leiden und Verzweiflung bringen kann, hinter Reichtum, Ruhm, Macht und sinnlichem Vergnügen herzujagen. Ich bin mir bewusst, dass Glücklichsein von meiner geistigen Haltung und nicht von äußeren Umständen abhängig ist und dass ich glücklich im gegenwärtigen Augenblick leben kann, indem ich mich daran erinnere, dass ich bereits mehr als genug Bedingungen habe, um glücklich zu sein. Ich bin entschlossen, „Rechten Lebenserwerb" zu praktizieren, um so dazu beizutragen, das Leiden der Lebewesen auf dieser Erde zu verringern und den Prozess der globalen Erwärmung umzukehren.

Die dritte Achtsamkeitsübung: Wahre Liebe

Im Bewusstsein des Leidens, das durch sexuelles Fehlverhalten entsteht, bin ich entschlossen, Verantwortungsgefühl zu entwickeln und Wege zu erlernen, die Sicherheit und Integrität von Individuen, Paaren, Familien und der Gesellschaft zu schützen. Im Wissen, dass sexuelles Verlangen nicht Liebe ist und dass sexuelles Handeln, das durch Begierde motiviert ist, immer sowohl mir als auch anderen schadet, bin ich entschlossen, keine sexuelle Beziehung einzugehen, ohne wahre Liebe und die Bereitschaft zu einer tiefen, langfristigen und verantwortungsvollen Bindung, von der meine Familie und meine Freunde wissen.

Ich werde alles tun, was in meiner Macht steht, um Kinder vor sexuellem Missbrauch zu schützen und um zu verhindern, dass Paare oder Familien durch sexuelles Fehlverhalten auseinanderbrechen. In dem Bewusstsein, dass Körper und Geist eins sind, bin ich entschlossen, geeignete Wege zu erlernen, um gut mit meiner sexuellen Energie umzugehen und die vier grundlegenden Elemente wahrer Liebe – liebevolle Güte, Mitgefühl, Freude und Unvoreingenommenheit – zu entwickeln, sodass mein eigenes Glück und das Glück anderer wachsen kann. Indem wir wahre Liebe üben, werden wir auf sehr schöne Weise in die Zukunft fortbestehen.

Die vierte Achtsamkeitsübung: Liebevolles Sprechen und tiefes Zuhören

Im Bewusstsein des Leidens, das durch unachtsame Rede und aus der Unfähigkeit, anderen zuzuhören, entsteht, bin ich entschlossen, liebevolles Sprechen und mitfühlendes Zuhören zu üben, um Leiden zu lindern und Versöhnung und Frieden in mir und zwischen anderen Menschen, ethnischen und religiösen Gruppen und Nationen zu fördern. Im Wissen, dass Worte sowohl Glück als auch Leiden hervorrufen können, bin ich entschlossen, wahrhaftig zu sprechen und Worte zu gebrauchen, die Vertrauen, Freude und Hoffnung wecken. Wenn Ärger in mir aufsteigt, bin ich entschlossen, nicht zu sprechen. Ich werde achtsames Atmen und Gehen praktizieren, um meinen Ärger zu erkennen und tief in seine Wurzeln zu schauen, besonders in meine falschen Wahrnehmungen und mein fehlendes Verständnis für mein eigenes Leiden und das der anderen Person. Ich werde in einer Weise sprechen und zuhören, die mir und dem anderen helfen kann, Leiden zu transformieren und einen Weg aus schwierigen Situationen zu finden. Ich bin entschlossen, keine Nachrichten zu verbreiten, wenn ich nicht sicher bin, dass sie der Wahrheit entsprechen, und Äußerungen zu unterlassen, die Trennung oder Uneinigkeit verursachen können. Ich werde „Rechtes Bemühen“ praktizieren, um meine Fähigkeit zu Liebe, Verstehen, Freude und Unvoreingenommenheit zu nähren und um allmählich Ärger, Gewalt und Angst, die tief in meinem Bewusstsein liegen, zu verwandeln.

Die fünfte Achtsamkeitsübung: Nahrung und Heilung

Im Bewusstsein des Leidens, das durch unachtsamen Konsum entsteht, bin ich entschlossen, auf körperliche und geistige Gesundheit für mich selbst, meine Familie und meine Gesellschaft zu achten, indem ich achtsames Essen, Trinken und Konsumieren praktiziere. Ich werde mich darin üben, tief zu schauen, um meinen Konsum und meinen Umgang mit den vier Arten von Nahrung – Essbarem, Sinneseindrücken, Willenskraft und Bewusstsein – zu erkennen. Ich bin entschlossen, weder Alkohol noch Drogen oder andere Dinge zu benutzen, die Gifte enthalten, wie z. B. bestimmte Internetseiten, Glücksspiele, elektronische Spiele, Fernsehsendungen, Filme, Zeitschriften, Bücher oder Gespräche. Ich werde mich darin üben, zum gegenwärtigen Augenblick zurückzukommen, um mit den erfrischenden, heilenden und nährenden Elementen in mir und um mich herum in Berührung zu sein. So lasse ich mich weder von Bedauern und Kummer in die Vergangenheit ziehen noch von Sorgen, Angst oder Begierden aus dem gegenwärtigen Augenblick bringen. Ich bin entschlossen, nicht zu versuchen, Einsamkeit, Angst oder anderes Leiden zu überdecken, indem ich mich im Konsum verliere. Ich werde das „Intersein“ tief betrachten und auf eine Weise konsumieren, die Frieden, Freude und Wohlergehen sowohl in meinem Körper und Bewusstsein als auch im kollektiven Körper und Bewusstsein meiner Familie, meiner Gesellschaft und unserer Erde bewahrt.

Die Übung des Essens

Achtsames Essen

Das Brot in meiner Hand ist der Körper des Kosmos.

Essen ist eine meditative Praxis. Wir sollten jedem Mahl unsere vollkommene Gegenwärtigkeit schenken. Schon beim Auftragen des Essens können wir mit der Übung beginnen. Wir vergegenwärtigen uns, wie viele Elemente – zum Beispiel der Regen, der Sonnenschein, die Erde, die Arbeit der Bauern, derer, die das Essen zubereitet haben – zusammengekommen sind, um dieses wundervolle Mahl zu ergeben. Tatsächlich erkennen wir beim Betrachten unseres Essens, dass das gesamte Universum unsere Existenz unterstützt.

Wenn wir die Gelegenheit haben, wohlschmeckendes Essen zu genießen, so ist das etwas sehr Kostbares, das nicht allen Menschen vergönnt ist. Viele Menschen hungern. Halte ich eine Schale Reis oder ein Stück Brot in den Händen, weiß ich, wie viel Glück ich habe und ich empfinde Mitgefühl für all jene, die nichts zu essen haben und ohne Freunde oder Familie sind. Das ist eine sehr tief greifende Praxis. Wir müssen dafür nicht in einen Tempel oder eine Kirche gehen. Wir können uns darin direkt am Esstisch üben. Durch achtsames Essen können wir Samen des Mitgefühls und Verstehens kultivieren, das uns stärken wird, etwas zu tun, damit hungrige oder einsame Menschen genährt werden.

Übung

Ein Mahl achtsam zu essen ist eine wichtige Übung. Schalten Sie den Fernseher aus, legen Sie die Zeitung beiseite, decken Sie mit den anderen den Tisch und beenden Sie die

Essensvorbereitung gemeinsam. Sie können während dieser Zeit sehr glücklich sein. Wenn das Essen auf dem Tisch steht und sich alle gesetzt haben, können Sie achtsames Atmen praktizieren. „Einatmend lasse ich meinen Körper zur Ruhe kommen. Ausatmend lächle ich." Atmen Sie auf diese Weise dreimal ein und aus.

Schauen Sie, während Sie so atmen, jede Person am Tisch an, um mit sich selbst und denen am Tisch in Berührung zu gelangen. Sie brauchen keine zwei Stunden, um einen anderen Menschen anzuschauen. Sind Sie wirklich in sich verankert, brauchen Sie dafür nur ein oder zwei Sekunden, und das reicht aus, um Ihre Freundinnen und Freunde, Ihre Familienmitglieder wirklich zu sehen. Wenn eine Familie fünf Mitglieder hat, sind nur fünf oder zehn Sekunden vonnöten, um dieses „Hinschauen und Sehen" zu praktizieren.

Lächeln Sie nach dem Atmen. Mit anderen gemeinsam bei Tisch zu sitzen bietet eine gute Möglichkeit, ein authentisches Lächeln der Freundschaft und des Verstehens zu zeigen. Es ist sehr einfach, aber es tun nicht viele Menschen. Für mich liegt der wichtigste Teil dieser Praxis darin, die anderen anzuschauen und zu lächeln. Wenn die Menschen, die zusammen essen, einander nicht anlächeln können, ist die Situation wirklich ernst.

Betrachten Sie dann das Essen vor Ihnen so, dass es wirklich werden kann. Die Nahrung enthüllt unsere Verbindung mit der Erde. Jeder Bissen enthält das Leben der Sonne und der Erde. In welchem Ausmaß sich das Essen zeigen kann, das hängt von uns ab. Sie können das gesamte Universum in einem Stück Brot sehen und schmecken! Es kann Sie sehr glücklich machen, wenn Sie die Nahrung einige Sekunden, bevor Sie sie essen, in dieser Weise betrachten.

Nach dem Essen sollten Sie sich einige Momente Zeit nehmen zu realisieren, dass Sie die Mahlzeit beendet haben,

Ihre Schale oder Ihr Teller nun leer und Ihr Hunger gestillt ist. Seien Sie dankbar dafür, dass Sie diese nährenden Speisen hatten, die Sie auf dem Pfad der Liebe und des Verstehens unterstützen.

Das Mahl ist beendet, mein Hunger gestillt.
Ich gelobe, zum Wohle aller Lebewesen zu leben.

Von Zeit zu Zeit möchten Sie vielleicht mit Ihrer Familie oder Ihren Freundinnen und Freunden eine Mahlzeit in Stille einnehmen. Dabei können wir die Kostbarkeit des Essens und unserer Freunde wie auch unsere enge Beziehung mit der Erde und allen Wesen erkennen. Jedes Gemüsestückchen, jeder Tropfen Wasser, jedes Stück Brot enthält in sich das Leben des gesamten Planeten und der Sonne. Bei jedem Bissen können wir den Wert und die Bedeutung unseres Lebens schmecken. Wir können über die Pflanzen und Tiere meditieren, über die Arbeit der Bauern und die vielen Tausend Kinder, die jeden Tag an Unterernährung sterben. Sitzen wir schweigend mit anderen am Tisch, so gibt uns das auch die Möglichkeit, sie klar und in aller Tiefe zu sehen und anzulächeln, um wirkliche Liebe und Freundschaft auszudrücken. Essen Sie erstmals in Stille, kommt Ihnen das vielleicht sehr merkwürdig vor, aber nachdem Sie sich daran gewöhnt haben, können Mahlzeiten in Stille sehr viel Frieden, Freude und Einsicht bringen. Es ist wie das Ausschalten des Fernsehers vor dem Essen. Wir „schalten“ manchmal das Gespräch aus, um uns an der Nahrung und der Gegenwart anderer zu erfreuen.

Ich empfehle stille Mahlzeiten nicht für jeden Tag, denn ich halte Gespräche für eine wundervolle Gelegenheit, miteinander in Berührung zu sein. Doch müssen wir zwischen verschiedenen Arten des Gesprächs unterscheiden. Einige Gesprächsthemen können Distanz zwischen uns schaffen, so zum Beispiel, wenn wir über die Unzulänglichkeiten anderer sprechen. Wenn diese Art des Redens unser Mahl dominiert, dann hat das sorgfältig bereitete Essen keinen Wert. Sprechen wir dagegen über Dinge, die unser Gewahrsein für das Essen und für unser Zusammensein nähren, dann entwickeln wir die Art von Glück, die für unser Wachstum notwendig ist. Vergleichen wir diese Erfahrung mit der Erfahrung über die Fehler anderer zu reden, dann glaube ich, dass das Gewahrsein für ein Stück Brot in Ihrem Mund eine wesentlich nährendere Erfahrung ist. Sie bringt Lebendigkeit und macht das Leben wirklich.

Ich empfehle, dass Sie während des Essens Themen vermeiden, die das Gewahrsein für Ihre Familie und das Essen zerstören können. Doch Sie sollten sich frei fühlen, Dinge zu sagen, die Gewahrsein und Glück nähren. Wenn Sie zum Beispiel ein Gericht sehr mögen, können Sie schauen, ob die anderen es auch so genießen, und wenn Sie sehen, dass es vielleicht einer Person nicht zu schmecken scheint, können Sie ihr dabei helfen, dieses wundervolle, liebevoll zubereitete Gericht auch wertschätzen zu können. Denkt jemand an anderes als an das gute Essen auf dem Tisch, so vielleicht an seine Probleme im Büro oder mit Freunden, verliert er den gegenwärtigen Moment – und das Essen. Sie können dann sagen: „Ist das nicht ein wundervolles Gericht?" Durch diese Worte ziehen Sie seine Aufmerksamkeit von seinen Gedanken und Sorgen weg und bringen ihn zum Hier und Jetzt zurück, Sie genießend, die wundervolle Mahlzeit genießend. Sie werden zu einem Bodhisattva, der einem Lebewesen hilft, erleuchtet zu werden.

In unseren Praxiszentren laden wir die Glocke vor dem Essen dreimal ein und dann essen wir für ungefähr zwanzig Minuten in Stille. Dabei sind wir uns der Nahrhaftigkeit des Essens vollkommen bewusst. Um unsere Übung des achtsamen Essens zu vertiefen und die friedvolle Atmosphäre zu unterstützen, bleiben wir die ganz Zeit am Tisch in dieser Stille. Am Ende dieser Periode wird die Glocke zweimal eingeladen zu erklingen. Dann können wir mit unseren Freundinnen und Freunden ein achtsames Gespräch beginnen oder vom Tisch aufstehen.

Die Fünf Betrachtungen

Glücklich kann es uns machen, wenn wir unsere Nahrung einige Sekunden in Achtsamkeit betrachten und dann achtsam essen. In unseren Praxiszentren verwenden wir die Fünf Betrachtungen, um uns daran zu erinnern, woher unsere Nahrung kommt und welchen Zweck sie erfüllt.

Die erste Kontemplation beinhaltet das Gewahrsein, dass unsere Nahrung direkt von der Erde und dem Himmel kommt. Es ist ein Geschenk von Himmel und Erde ebenso wie ein Geschenk der Menschen, die daran beteiligt waren. Die zweite Betrachtung beinhaltet, der Nahrung würdig zu sein, die wir zu uns nehmen. Unserer Nahrung würdig sind wir, wenn wir achtsam essen – uns ihrer Existenz bewusst und dankbar dafür, dass wir sie haben. Wir sollten nicht zulassen, dass wir uns in Sorgen, Ängsten oder Wut und Ärger über die Vergangenheit oder Zukunft verlieren. Wir sind für unsere Nahrung da, weil die Nahrung für uns da ist; das ist nur gerecht. Essen wir in Achtsamkeit werden wir der Erde und des Himmels würdig sein.

Die dritte Betrachtung beinhaltet ein Gewahrsein für unsere negativen Tendenzen, denen wir nicht erlauben sollten, uns davonzutragen. Wir müssen lernen, maßvoll zu essen und die für uns rechte Menge. Die Essschale eines Mönches oder einer Nonne wird als ein „Gefäß für das angemessene Maß“ bezeichnet. Es ist sehr wichtig, nicht zu viel zu essen. Wenn Sie langsam essen und sorgfältig kauen, werden Sie jede Menge Nährstoffe erhalten. Die rechte Menge ist die Menge, die uns hilft, gesund zu bleiben.

Die vierte Betrachtung bezieht sich auf die Qualität unserer Nahrung. Wir sind entschlossen, nur solche Nahrung zu uns zu nehmen, die weder für unseren Körper noch für unseren Geist Giftstoffe enthält; Nahrung, die uns gesund erhält und unser Mitgefühl nährt. Das ist achtsames Essen. Der Buddha sprach davon, dass wir in gewissem Sinne das Fleisch unserer Kinder essen, wenn wir auf eine Weise essen, die unser Mitgefühl zerstört. Essen Sie also so, dass Sie Mitgefühl in sich lebendig halten können.

Die fünfte Betrachtung beinhaltet das Gewahrsein, dass wir die Nahrung empfangen, um etwas zu verwirklichen. Unser Leben sollte einen Sinn haben und dieser Sinn liegt darin, anderen Menschen zu helfen, weniger zu leiden und die Freuden des Lebens zu berühren. Sind wir in unserem Herzen voller Mitgefühl und wissen wir, dass wir in der Lage sind, anderen zu helfen, weniger zu leiden, dann beginnt das Leben für uns eine größere Bedeutung zu haben. Das ist sehr wichtige Nahrung für uns und kann uns sehr viel Freude bereiten. Ein einzelner Mensch vermag vielen Lebewesen zu helfen. Und das ist etwas, das wir überall tun können.

Übung

Die fünf Essensbetrachtungen

Die erste Betrachtung: Diese Nahrung ist ein Geschenk des gesamten Universums, des Himmels, der Erde, unzähliger Lebewesen, und viel harter, liebevoller Arbeit.

Die zweite Betrachtung: Mögen wir dieses Geschenk in Achtsamkeit und Dankbarkeit empfangen.

Die dritte Betrachtung: Mögen wir unsere unheilsamen Geisteszustände erkennen und transformieren, insbesondere unsere Gier, und lernen massvoll zu essen.

Die vierte Betrachtung: Mögen wir unser Mitgefühl beim Essen nähren, so dass wir das Leiden aller Lebewesen vermindern, unsere Erde schützen und den Prozess der globalen Erwärmung umkehren.

Die fünfte Betrachtung: Wir nehmen dieses Essen an, um unsere Schwesterlichkeit und Brüderlichkeit zu stärken, unsere Gemeinschaft erblühen zu lassen, und unser Ideal zu nähren, allen Lebewesen zu helfen.

Die Küche

In diesem frischen Gemüse
Sehe ich eine grüne Sonne.
Alle Dharmas kommen zusammen,
damit das Leben möglich ist.

Die Küche kann ein Ort meditativer Praxis sein. Lasst uns achtsam sein, wenn wir kochen oder sauber machen. Wir können unsere Aufgaben entspannt und gelassen erledigen, indem wir unserem Atem folgen und unsere Konzentration auf die Arbeit ausrichten.

Übung

Vielleicht möchten Sie in Ihrer Küche einen kleinen Altar aufstellen, um sich selbst während des Kochens daran zu erinnern, achtsam zu sein. Es kann ein kleines Regal oder Brett sein, mit ausreichend Platz für einen Räucherstäbchenhalter und vielleicht eine kleine Vase, für einen schönen Stein, ein kleines Bild eines Vorfahren oder spirituellen Lehrers oder eine Buddha- oder Bodhisattvastatue – was immer für Sie eine Bedeutung hat. Wenn Sie in die Küche kommen, können Sie Ihre Arbeit damit beginnen, dass Sie ein Räucherstäbchen entzünden und achtsam atmen und so die Küche zu einem Meditationsraum machen.

Nehmen Sie sich für das Kochen genügend Zeit, damit Sie sich nicht gehetzt fühlen. Seien Sie sich bewusst, dass Sie und die, für die Sie kochen, von der Nahrung abhängig sind, um praktizieren zu können. Dieses Gewahrsein wird

Sie leiten, gesundes Essen zu kochen, durchtränkt von Liebe und Achtsamkeit.

Reinigen Sie die Küche oder waschen Sie das Geschirr ab, als würden Sie den Altar in der Meditationshalle reinigen oder einen Baby-Buddha baden. Auf diese Weise wird Freude und Frieden in Ihnen und in Ihrem Umfeld entstehen.

Das Geschirr abwaschen –
Einen Baby-Buddha baden.
Das Alltägliche ist heilig.
Alltagsgeist ist Buddha-Geist.

Teemeditation

Teemeditation ist eine Zeit, in der wir mit unserer Familie, unseren Freundinnen und Freunden oder unserer Gemeinschaft in einer freudvollen, entspannten Atmosphäre zusammen sind. Den Tee gemeinsam zu genießen, das ist genug. Es ist eine gute Gelegenheit, unsere Freude und unser Glück darüber, dass wir zusammen sind, miteinander zu teilen.

Gelegentlich trinken wir Tee mit einem Freund, einer Freundin und sind uns weder des Tees noch der anderen Person bewusst. Teemeditation praktizieren bedeutet, wahrhaft mit unserem Tee und unseren Freunden präsent zu sein. Wir erkennen, dass wir glücklich im gegenwärtigen Moment verweilen können, ungeachtet unserer Sorgen und Nöte. Wir sitzen ganz entspannt da, ohne etwas sagen zu müssen. Wenn uns danach ist, können wir ein Lied, eine Geschichte oder einen Tanz miteinander teilen.

Vielleicht bringen wir auch ein Musikinstrument mit oder bereiten etwas vor. Die Teemeditation ist eine Möglichkeit, die Samen des Glücks, der Freude, des Verstehens und der Liebe zu wässern.

Übung

Im Folgenden möchte ich eine formale Teemeditation, wie wir sie in Plum Village durchführen, beschreiben. Kindern gefällt sie sehr, und sie können dabei helfen, die Gäste zu begrüßen; ein Kind kann auch Tee und Plätzchen dem Buddha darreichen. Manchmal organisieren die Kinder auch ihre eigene Limonadenmeditation, zu der sie ihre Eltern und Freunde einladen.

Sie können die Teezeremonie so für sich verändern, dass sie zu jeder Gelegenheit passt. Teemeditation kann so einfach sein, wie eine Tasse Tee mit einer guten Freundin zusammen zu trinken.

Bei einer Teezeremonie wird alles in Achtsamkeit getan. Die Gastgeber einer solchen Zeremonie müssen sich zuvor als Team treffen, um die nötigen Vorbereitungen zu treffen. Sie müssen den Tee bereiten, die Plätzchen bereitstellen, den Meditationsraum vorbereiten und sich selbst in Achtsamkeit üben, um die Gäste entsprechend willkommen zu heißen.

Gastgeber

Teemeister, Glockenmeisterin, eine Person, die Räucherwerk darbringt, eine, die dem Buddha Tee darbringt, Teeserviererinnen (ihre Zahl hängt von der Anzahl der Teilnehmenden ab, normalerweise werden zwei benötigt), Assistenten der Teeserviererinnen (einen für jede).

Benötigte Utensilien

Räucherwerk, Kerzen, Streichhölzer, kleine Glocke, große Glocke, Servietten (es können auch Baumblätter verwendet werden, um nicht unnötig Papier zu verschwenden), Plätzchen, Tee und Teekanne, Schale, Tablett mit Blumen, Tee und Plätzchen, um sie dem Buddha darzureichen.

Die Gäste willkommen heißen

■ Die Gastgeber der Teemeditation stehen in zwei Reihen auf jeder Seite der Eingangstür und verbeugen sich vor jedem Gast, der den Meditationsraum betritt. Die Gäste gehen zwischen den Gastgebern durch und setzen sich der Reihe nach mit dem Gesicht nach innen, wobei sie von den Teeassistenten zu ihrem Sitzkissen geführt werden. Nach dem Niedersetzen genießt jeder die Sitzmeditation und folgt still seinem Atem.

■ Sind alle im Raum willkommen geheißen worden, setzen sich auch die Gastgeber. Die Glockenmeisterin erweckt die kleine Glocke und lädt sie dann ein zu erklingen, um den Anwesenden zu bedeuten, aufzustehen und sich dem Altar zuzuwenden.

Darbringen des Räucherwerks

■ Der Teemeister und die Person, die das Räucherwerk darbringt, gehen achtsam zum Altar und letztere entzündet ein Räucherstäbchen. Nachdem beide sich voreinander verbeugt haben, überreicht sie dem Teemeister das Räucherstäbchen und stellt sich an die Seite.

■ Die Glockenmeisterin lädt die große Glocke dreimal ein. Der Teemeister rezitiert das Gatha zum Darreichen des Räucherwerks[4], bevor er das Räucherstäbchen der anderen Person reicht, die es auf den Altar stellt. Wir können uns zu diesem Zeitpunkt vor dem Buddha und den Bodhisattvas verbeugen.

■ Der Teemeister wendet sich der Gemeinschaft zu und heißt alle zu der Teezeremonie willkommen. „Ein Lotos für euch, ich sehe den Buddha in euch.“ Die Glockenmeisterin lädt die kleine Glocke ein und alle setzen sich hin.

Dem Buddha Tee darbringen

■ Eine Teeserviererin schüttet achtsam Tee in eine Teeschale, um sie dem Buddha darzubringen, und hält dafür das geschmückte Tablett mit Tee und Plätzchen auf Höhe des Kopfes. Die Person, die dem Buddha Tee darbringt, geht achtsam zur Teeserviererin, verbeugt sich, nimmt das Tablett und geht achtsam zum Teemeister. Der Teemeister steht auf, verbeugt sich, nimmt das Tablett und geht achtsam zum Altar, verbeugt sich, kniet nieder und stellt das Tablett auf den Altar. Die Glockenmeisterin lädt die Glocke ein, wenn das Tablett auf den Altar gestellt wird. Der Teemeister und die Person, die ihm das Tablett gereicht hat, kehren zu ihren Kissen zurück und verbeugen sich voreinander, bevor sie sich niedersetzen. Ist ein Kind oder Jugendlicher zugegen, kann auch von ihm die Aufgabe übernommen werden, das Tablett auf den Altar zu stellen.

Die Gäste bewirten

- Die Teeserviererinnen geben nun das Tablett mit den Plätzchen weiter. Jede Teeserviererin bietet es einem Assistenten dar. Mit einem Lächeln und den in Dankbarkeit zur Lotosblüte zusammengelegten Händen nimmt der Assistent ein Plätzchen und eine Serviette, legt die Serviette auf den Boden und das Plätzchen darauf und nimmt dann das Tablett auf. Der Assistent bietet nun seinerseits der Teeserviererin ein Plätzchen an. Dann wird das Tablett der Person neben dem Assistenten dargeboten. Wie zuvor beschrieben, nimmt jede Person ein Plätzchen und eine Serviette, bevor sie das Tablett nimmt und es der nächsten im Kreis darbietet.
- Währenddessen füllt die Teeserviererin Tee in die bereitgestellten Schalen (für alle Anwesenden). Ist das Tablett mit den Plätzchen einmal ganz herumgereicht worden, werden die Teeschalen auf die gleiche Weise dargeboten und angenommen.

Einladung zum Genießen

■ Wenn alle Tee und Plätzchen haben und die leeren Tabletts bei den Teeserviererinnen angekommen sind, spricht der Teemeister einen Vers über die Freude und das Genießen von Tee und Plätzchen und lädt alle ein, Tee und Plätzchen zu genießen.

Der Vers zum Teetrinken

Diese Schale Tee in meinen Händen,
in Achtsamkeit vollkommen präsent,
verweilen mein Geist und Körper
im Hier und Jetzt.

Nachdem der Tee eine Weile in Stille genossen wurde, lädt der Teemeister die Anwesenden ein, Lieder, Gedichte, Erfahrungen mit den anderen zu teilen.

Das Ende der Zeremonie

Die Glockemeisterin sollte anzeigen, wenn noch fünf Minuten bis zum Ende der Zeremonie bleiben. Die Teezeremonie endet mit drei Klängen der kleinen Glocken. Beim ersten stehen alle auf. Beim zweiten verbeugen sich alle voreinander. Beim dritten verbeugen sich alle zum Altar hin. Die Gastgeber gehen dann als Erste zur Tür und verbeugen sich vor den Gästen, die langsam und achtsam den Raum verlassen.

Körperübungen

Ausruhen und Innehalten

Ist ein frei im Wald lebendes Tier krank, zieht es sich zurück, legt sich hin und tut nichts. Oft nimmt es noch nicht einmal Nahrung und Wasser zu sich. All seine Energie ist auf Heilung ausgerichtet. Wir müssen uns in dieser Art des Ausruhens üben, auch wenn wir nicht krank sind. Es ist eine tiefe Praxis zu wissen, wann wir uns ausruhen sollten. Manchmal strengen wir uns in unserer Praxis zu sehr an oder wir arbeiten, ohne achtsam dafür zu sein, viel zu viel und werden schnell müde. Die Achtsamkeitspraxis sollte nicht ermüdend sein, sie sollte uns Energie schenken. Erkennen wir aber, dass wir müde sind, sollten wir alles tun, um uns auszuruhen. Wir sollten andere um Hilfe bitten und unsere Aufgaben, wenn möglich, delegieren.

Es bringt uns nichts, mit müdem Körper und Geist zu praktizieren. Das schafft unter Umständen nur noch mehr Probleme. Kümmern wir uns um uns selbst, kümmern wir uns damit um die ganze Gemeinschaft. Sich ausruhen kann bedeuten, dass wir in dem innehalten, was wir tun, und im Freien für fünf Minuten einen Spaziergang machen, oder wir fasten für ein oder zwei Tage oder wir bleiben vielleicht für eine Weile in Stille. Es gibt viele Möglichkeiten zu ruhen, wir sollten daher auf unseren Körper und Geist hören, auf ihren Rhythmus, zum Wohle aller. Eine wichtige Übung des Ausruhens ist das achtsame Atmen sowohl im Sitzen als auch im Liegen. Lasst uns die Kunst des Ausruhens erlernen, durch die Körper und Geist sich erholen können. Teil dieser Kunst ist es, nicht zu denken und überhaupt nichts zu tun.

Der Buddha sagte, dass wir lernen können, uns um eine Wunde oder Verletzung unseres Körpers oder unseres Geistes zu kümmern. Wir wissen, dass unser Körper die Fähigkeit hat, sich selbst zu heilen, wir sollten daher der Wunde in unserem Körper oder unserer Seele erlauben, sich zu heilen. Doch oft stehen wir unserer Heilung selbst im Wege. Aus Ignoranz verbieten wir unserem Körper, sich zu heilen, erlauben wir es unserem Geist, unserem Bewusstsein nicht, sich zu heilen. Schneiden wir uns in den Finger, müssen wir nicht viel tun. Wir säubern den Schnitt und lassen ihn heilen – vielleicht für ein oder zwei Tage. Wenn wir zu viel Aufhebens um die Verletzung machen, wenn wir zu viel tun oder uns zu sehr sorgen, dann heilt sie unter Umständen gar nicht.

Der Buddha gab uns zur Illustration dessen das Beispiel eines Mannes, der von einem Pfeil getroffen wurde. Dieser Mensch leidet. Trifft ihn kurz danach ein weiterer Pfeil an genau der gleichen Stelle, dann verdoppelt das nicht nur den Schmerz, sondern verzehnfacht ihn. Vergrößern Sie durch Ihre Sorgen und Ängste eine kleine körperliche Verletzung, dann wird sie ernster werden. Hilfreich ist es, achtsam ein- und auszuatmen und die Natur dieser kleinen Verletzung zu verstehen. Einatmend denken wir: „Mir ist bewusst, dass dies nur eine physische Verletzung ist. Sie wird heilen." Unter Umständen kann es für uns wichtig sein, eine Freundin oder einen Arzt um die Bestätigung zu bitten, dass es sich nur um eine kleinere Verletzung handelt und wir uns nicht zu sorgen bräuchten. Wir sollten deswegen nicht in Panik geraten, denn Panik entsteht aus Unwissenheit. Sorgen und Panik verschlimmern jede Situation. Wir sollten auf unser Wissen um unseren Körper vertrauen. Wir sind intelligent. Wir sollten uns nicht in Phantasien hineinsteigern, wegen einer kleinen Verletzung unseres Körpers oder unserer Seele sterben zu müssen.

Ein verwundetes Tier weiß am besten, dass Ruhe das beste Mittel zur Heilung ist. Diese Weisheit wohnt dem Körper des Tieres inne. Wir Menschen haben das Vertrauen in unseren Körper verloren. Wir haben Angst und probieren dann viele verschiedene Dinge aus. Wir sorgen uns zu viel um unseren Körper. Wir lassen ihn nicht sich selbst heilen. Wir wissen nicht, wie man ausruht. Achtsames Atmen hilft uns, die Kunst des Ausruhens wieder zu erlernen. Achtsames Atmen ist einer liebenden Mutter vergleichbar, die ihr krankes Baby in den Armen hält und sagt: „Hab keine Angst. Ich werde gut auf dich aufpassen, ruh dich einfach aus."

Übung

Wir können nicht ausruhen, weil wir nicht gelernt haben, innezuhalten und nicht mehr zu rennen. Wir haben vor langer Zeit damit begonnen zu rennen. Selbst noch im Schlaf tun wir das. Wir halten Glück und Wohlbefinden im Hier und Jetzt nicht für möglich. Dieser Glaube sitzt tief in uns. Von unseren Eltern und Großeltern haben wir die Samen dieser Überzeugung erhalten. Sie haben ihr ganzes Leben gekämpft und sie haben geglaubt, Glück sei nur in der Zukunft möglich. Darum hatten wir schon als Kinder die Gewohnheit zu rennen. Wir waren der Überzeugung, dass wir nach Glück in der Zukunft suchen müssten. Doch der Lehre des Buddha zufolge können wir hier und jetzt glücklich sein.

Können Sie innehalten und sich im Hier und Jetzt verankern, dann werden Sie erkennen, wie viele Elemente des Glücks in diesem Moment vorhanden sind, mehr als genug, um glücklich zu sein. Selbst wenn es gegenwärtig ein paar Dinge gibt, die Ihnen missfallen, so sind doch immer noch viele positive Bedingungen für Ihr Glück vorhanden. In Ihrem Garten sehen Sie vielleicht, dass ein Baum stirbt. Das tut Ihnen leid und Sie sind traurig und möglicherweise können Sie sich so nicht mehr am Rest des Gartens erfreuen, der noch immer wunderschön ist. Einem sterbenden Baum gestatten Sie, Ihre Wertschätzung für all die anderen sehr lebendigen, kraftvollen, schönen Bäume zu zerstören. Wenn Sie erneut hinschauen, können Sie sehen, dass der Garten noch immer wunderschön ist, und Sie können sich an ihm erfreuen. Die folgenden Verse können Ihnen helfen, Ihr Gewahrsein für die Sie umgebende Natur zu vertiefen.

Meiner Ohren gewahr, atme ich ein.
Den Geräuschen des Regens gewahr, atme ich aus.

In Berührung mit der klaren, reinen Bergluft atme ich ein.
Mit der klaren, reinen Bergluft lächelnd, atme ich aus.

In Berührung mit dem Sonnenschein atme ich ein.
Mit dem Sonnenschein lächelnd, atme ich aus

In Berührung mit den Bäumen atme ich ein.
Mit den Bäumen lächelnd, atme ich aus.

Tiefenentspannung

Stress sammelt sich in unserm Körper an. Wie wir essen, trinken und leben, das hat Auswirkungen auf unser Wohlergehen. Tiefenentspannung gibt unserem Körper die Gelegenheit, sich auszuruhen, zu heilen und zu neuen Kräften zu kommen. Wir entspannen unseren Körper, schenken jedem Teil des Körpers unsere Aufmerksamkeit und senden jeder Zelle unsere Liebe und Fürsorge.

Wenn Sie Probleme haben, ausreichend Schlaf zu finden, dann kann die Tiefenentspannung das ausgleichen. Liegen Sie wach im Bett, können Sie Tiefenentspannung praktizieren und Ihrer Ein- und Ausatmung folgen. Manchmal kann Ihnen das beim Einschlafen helfen. Die Übung ist aber auch dann sehr gut, wenn Sie weiterhin nicht einschlafen können, denn sie nährt Sie und lässt Sie zur Ruhe kommen.

Sie können die folgenden beiden Übungen nutzen, um Ihr Gewahrsein zu jedem Teil Ihres Körpers zu lenken: zu den Haaren, dem Schädel, der Kopfhaut, dem Gehirn, Ohren, Nacken, Lunge, allen Organen, dem Verdauungstrakt, Becken, zu jedem Teil des Körpers, der der Heilung und Aufmerksamkeit bedarf. Mit Ihrem Gewahrsein umarmen Sie beim Ein- und Ausatmen jeden Teil und senden ihm Liebe, Dankbarkeit und Fürsorge.

Tiefenentspannung I

Wenn Sie nur wenige Minuten für eine tiefere Entspannung Zeit haben, können Sie folgenden Vers rezitieren:

Einatmend bin ich meiner Augen gewahr.
Ausatmend lächle ich meinen Augen zu.

Das ist Achtsamkeit für unsere Augen. Mit der Energie der Achtsamkeit umarmen Sie Ihre Augen und lächeln ihnen zu. Sie berühren eine der vorhandenen Bedingungen des Glücks. Es ist wundervoll, gute Augen zu haben. Dadurch steht Ihnen ein Paradies von Farben und Formen jederzeit zur Verfügung. Sie müssen einfach nur die Augen öffnen.

Einatmend bin ich meines Herzens gewahr.
Ausatmend lächle ich meinem Herzen zu.

Wenn Sie die Energie der Achtsamkeit nutzen, um Ihr Herz zu umarmen und ihm zuzulächeln, erkennen Sie, dass Ihr Herz normal funktioniert und dass dies wundervoll ist. Viele Menschen wünschen sich ein normal funktionierendes Herz zu haben. Es ist eine weitere Bedingung für unser Wohlergehen und Glück. Halten Sie Ihr Herz mit der Energie der Achtsamkeit, dann ist das eine Wohltat für das Herz. Sie haben Ihr Herz lange Zeit vernachlässigt und nur an anderes gedacht. Sie sind Dingen hinterhergejagt, die Sie für die wahren Bedingungen des Glücks gehalten haben und haben Ihr Herz einfach vergessen.

Sie haben Ihrem Herzen durch die Art, wie Sie sich ausruhen, arbeiten, essen und trinken, auch vielfach Probleme bereitet. Jedesmal wenn Sie sich eine Zigarette anzünden, leidet

Ihr Herz. Trinken Sie Alkohol, so ist das Ihrem Herzen gegenüber kein freundschaftlicher Akt. Sie wissen, dass Ihr Herz seit vielen Jahren Tag und Nacht für Ihr Wohlergehen arbeitet. Doch weil es Ihnen an Achtsamkeit mangelt, unterstützen Sie Ihr Herz nicht. Sie wissen nicht, wie Sie die Bedingungen für Wohlergehen und Glück in Ihnen schützen können.

Sie können diese Übung mit anderen Teilen Ihres Körpers, zum Beispiel Ihrer Leber, fortsetzen. Umarmen Sie Ihre Leber mit Zärtlichkeit, Liebe und Mitgefühl. Vertiefen Sie durch achtsames Atmen die Achtsamkeit und halten Sie Ihren Körper mit dieser Achtsamkeit. Wenn Sie die Energie der Achtsamkeit zu dem Teil des Körpers lenken, den Sie liebevoll und zärtlich umarmen, dann tun Sie genau das, was Ihr Körper braucht. Fühlt sich ein Teil Ihres Körpers unwohl, müssen Sie dort mit Ihrer Achtsamkeit, Ihrem Lächeln länger verweilen. Sie haben vielleicht nicht die Zeit, Ihren ganzen Körper auf diese Weise durchzugehen, aber Sie können sich ein- oder zweimal am Tag zumindest ein Körperteil aussuchen, auf das Sie sich konzentrieren, das Sie entspannen. Haben Sie mehr Zeit, sollten Sie die folgende Tiefenentspannung ausprobieren.

Tiefenentspannung II

Nehmen Sie sich mindestens zwanzig Minuten Zeit. Üben Sie Tiefenentspannung in einer Gruppe, so kann eine Person die Übung anleiten und den folgenden Text mit vielleicht einigen Variationen benutzen. Machen Sie die Tiefenentspannung allein, können Sie den Text vorher auf Band aufnehmen und ihn dann abspielen. Sie sollten die Tiefenentspannung zu Hause mindestens einmal am Tag durchführen, wo immer Sie Platz haben, sich bequem hinzulegen. Machen Sie sie gemeinsam mit anderen Familienmitgliedern, kann einer die Sitzung leiten.

Legen Sie sich auf den Rücken, die Arme seitlich am Körper. Machen Sie es sich bequem. Erlauben Sie Ihrem Körper, sich zu entspannen. Seien Sie des Bodens unter Ihnen gewahr ... und des Kontaktes zwischen Körper und Boden (atmen). Lassen Sie Ihren Körper in den Boden sinken ... (atmen).

Werden Sie sich Ihres Atems bewusst, wie sie ein- und ausatmen. Nehmen Sie Ihre Bauchdecke wahr, die sich beim Ein- und Ausatmen hebt und senkt (atmen) ... hebt ... senkt ... hebt ... senkt ... (atmen).

Einatmend wenden Sie Ihre Aufmerksamkeit den Augen zu. Ausatmend entspannen Sie Ihre Augen. Lassen Sie die Augen zurück in den Kopf sinken ... lassen Sie die Spannungen in allen kleinen Muskeln im Augenbereich los ... unsere Augen erlauben uns ein Paradies der Formen und Farben zu sehen ... lassen Sie die Augen zur Ruhe kommen ... senden Sie Ihren Augen Liebe und Dankbarkeit ... (atmen).

Einatmend bringen Sie Ihre Aufmerksamkeit zu Ihrem Mund. Ausatmend entspannen Sie den Mund. Lassen Sie die Spannung um Ihren Mund los ... die Lippen sind die Blüten einer Blume ... lassen Sie ein sanftes Lächeln auf Ihren Lippen erblühen ... das Lächeln löst die Spannung in den Hunderten von Gesichtsmuskeln auf ... spüren Sie, wie sich die Spannung in Ihren Wangen auflöst ... in Ihrem Kiefer ... in Ihrer Kehle ... (atmen).

Einatmend bringen Sie Ihre Aufmerksamkeit zu Ihren Schultern. Ausatmend entspannen Sie die Schultern. Lassen Sie sie in den Boden sinken ... lassen Sie alle angesammelten Spannungen in den Boden abfließen ... wir laden uns so viel auf unsere Schultern ... sorgen Sie für Ihre Schultern, entspannen Sie sie ... (atmen).

Einatmend werden Sie Ihrer Arme gewahr. Ausatmend entspannen Sie Ihre Arme. Lassen Sie Ihre Arme in den Boden sinken ... die Oberarme ... die Ellbogen ... die Unterarme ... die Handgelenke ... Hände ... Finger ... die winzigen Muskeln ... bewegen Sie Ihre Finger ein wenig, wenn Sie mögen, um die Muskeln besser zu entspannen ... (atmen).

Einatmend bringen Sie Ihre Aufmerksamkeit zu Ihrem Herzen. Ausatmend lassen Sie Ihr Herz sich entspannen ... (atmen). Wir haben unser Herz lange Zeit vernachlässigt ... durch die Art, wie wir arbeiten, essen und mit Angst und Stress umgehen ... (atmen) unser Herz schlägt für uns Tag und Nacht ... umarmen Sie Ihr Herz mit Achtsamkeit und Sanftheit ... versöhnen Sie sich mit Ihrem Herz, tragen Sie Sorge für Ihr Herz ... (atmen).

Einatmend bringen Sie Ihre Aufmerksamkeit zu Ihren Beinen. Ausatmend lassen Sie Ihre Beine entspannen. Lösen Sie alle Spannungen in Ihren Beinen auf ... die Oberschenkel ... die Knie ... die Unterschenkel ... die Waden ... die Knöchel ... die Füße ... die Zehen ... all die winzigen Muskeln in den Zehen ... vielleicht mögen Sie die Zehen ein wenig bewegen, um ihnen zu helfen, sich zu entspannen ... senden Sie den Zehen Ihre Liebe und Fürsorge ... (atmen).

Einatmend, ausatmend fühlt sich der ganze Körper leicht ... wie Seegras auf Wasser. ... Sie müssen nirgends hingehen ... nichts tun ... Sie sind frei wie die Wolke am Himmel ... (atmen).

(Ein Lied oder Musik für einige Minuten) ... (atmen).

Bringen Sie Ihre Aufmerksamkeit zurück zu Ihrem Atem ... zu Ihrer Bauchdecke ... heben und senken ... (atmen).

Dem Atem folgend werden Sie sich Ihrer Arme und Beine bewusst ... vielleicht mögen Sie sie ein wenig bewegen und strecken ... (atmen).

Setzen Sie sich dann, wenn Sie bereit dazu sind, langsam auf ... (atmen).

Stehen Sie langsam auf, wenn Sie bereit dazu sind.

Achtsame Bewegungen

Die Zehn Achtsamen Bewegungen kann man leicht zu Hause für sich oder mit anderen machen. Sie können Sie in geschlossenen Räumen oder draußen im Freien durchführen, täglich oder auch nur ab und zu.

Übung

Stehen Sie mit Ihren Füßen fest auf dem Boden. Ihre Knie sind leicht gebeugt, nicht durchgedrückt. Stehen Sie entspannt aufrecht mit lockeren Schultern. Stellen Sie sich einen unsichtbaren Faden vor, der an der Spitze Ihres Kopfes angebracht ist und Sie nach oben in den Himmel zieht. Halten Sie Ihren Körper aufgerichtet, ziehen Sie das Kinn leicht ein, damit der Nacken entspannen kann.

Atmen Sie einige Male achtsam ein und aus. Vergewissern Sie sich noch einmal, dass Ihre Füße fest auf der Erde stehen, Ihr Körper zentriert ist, Ihr Rücken aufrecht und die Schultern entspannt. Lassen Sie den Atem in Ihren Bauch sinken. Lächeln Sie und erfreuen Sie sich für einen Moment am Stehen.

Erste Achtsame Bewegung: Stellen Sie Ihre Füße ein wenig auseinander; die Arme sind an der Seite des Körpers. Einatmend heben Sie die Arme vorne parallel zum Boden bis auf Schulterhöhe, wobei Sie die Ellbogen gestreckt lassen. Senken Sie beim Ausatmen langsam die Arme wieder bis in die Ausgangsstellung. Wiederholen Sie die Bewegung drei weitere Male.

Zweite Achtsame Bewegung: Heben Sie beim Einatmen die Arme nach vorne in einer fortwährenden Bewegung bis nach oben über Ihren Kopf. Berühren Sie den Himmel! Sie können dabei Ihre Handflächen nach innen gerichtet halten oder sie nach vorne richten. Senken Sie beim Ausatmen langsam die Arme wieder, bis sie ihre Ausgangsstellung an der Seite des Körpers erreicht haben. Wiederholen Sie das noch drei Mal.

Dritte Achtsame Bewegung: Heben Sie beim Einatmen die Arme seitlich mit den Handflächen nach oben bis auf die Höhe der Schultern, parallel zum Boden. Beugen Sie beim Ausatmen die Ellbogen und berühren Sie mit den Fingerspitzen die Schultern, wobei die Oberarme parallel zum Boden sind. Öffnen Sie ihre Arme beim Einatmen und strecken Sie sie ganz aus. Beugen Sie beim Ausatmen die Ellbogen und bringen Sie die Fingerspitzen wieder zu den Schultern. Beim Einatmen sind Sie wie eine Blume, die in der warmen Sonne Ihre Blüten öffnet. Beim Ausatmen schließen sich die Blüten wieder. Sind Ihre Fingerspitzen wieder an den Schultern, wiederholen Sie die Übung weitere drei Mal. Senken Sie dann die Arme wieder in die Ausgangsposition.

Vierte Achtsame Bewegung: In dieser Übung machen Sie mit den Armen einen großen Kreis. Bringen Sie die Arme beim Einatmen mit zusammengelegten Handflächen vor sich nach unten. Heben Sie die Arme, trennen Sie dabei die Hände, so dass Sie die Arme über den Kopf hinaus strecken können. Setzen Sie beim Ausatmen den Kreis nach hinten fort, bis Ihre Finger zum Boden zeigen. Beim Einatmen heben Sie die Arme hinten und kehren Sie die Kreisbewegung um. Beim Ausatmen bringen Sie wieder die Handflächen zusammen und senken Sie die Arme nach vorne. Wiederholen Sie das drei Mal.

Fünfte Achtsame Bewegung: Stellen Sie Ihre Füße schulterbreit auseinander und legen Sie die Hände an die Taille. Bei dieser Übung sollten die Beine gestreckt, aber nicht durchgedrückt sein und der Kopf sollte in gerader Linie über dem Körper sein. Beugen Sie sich beim Einatmen nach vorne bis zur Taille und machen Sie mit dem Oberkörper einen Kreis nach hinten. Beginnen Sie nach einem halben Kreis bei zurückgelehntem Oberkörper auszuatmen, bis Sie den Kreis vervollständigt haben und der Kopf nach vorne gerichtet ist, während Sie noch immer in der Taille gebeugt sind. Machen Sie dann den Kreis in die andere Richtung. Wiederholen Sie diese Bewegungsreihe drei Mal.

Sechste Achtsame Bewegung: Bei dieser Übung berühren Sie Himmel und Erde. Ihre Füße stehen hüftweit auseinander. Heben Sie die Arme beim Einatmen nach oben, die Handflächen sind nach außen gerichtet. Strecken Sie sich dabei und schauen Sie nach oben. Beugen Sie sich beim Ausatmen bis zur Taille nach vorn und senken Sie die Arme, bis sie den Boden berühren. Spüren Sie Spannung im Nacken, dann lassen Sie noch weiter los. Atmen Sie ein und kommen Sie aus dieser Position mit geradem Rücken nach oben und berühren Sie den Himmel. Berühren Sie Himmel und Erde drei weitere Mal.

Siebte Achtsame Bewegung: Diese Übung wird „der Frosch" genannt. Die Arme liegen an der Taille, die Fersen sind zusammen und die Füße bilden ein V mit einem 90-Grad-Winkel. Gehen Sie beim Einatmen mit geradem Rücken auf die Fußspitzen. Beugen Sie dann die Knie. Bewahren Sie das Gleichgewicht, halten Sie den Oberkörper zentriert, während Sie so tief nach unten gehen, wie Sie bequem können. Strecken Sie beim Ausatmen die Knie und kommen Sie nach oben, immer noch auf den Fußspitzen stehend. Von dieser Position aus wiederholen Sie die Bewegung drei weitere Male; erinnern Sie sich daran, langsam und tief dabei zu atmen.

Achte Achtsame Bewegung: Ihre Füße sind zusammen und Ihre Hände liegen an der Taille. Verlagern Sie Ihr gesamtes Gewicht auf den linken Fuß. Heben Sie beim Einatmen den rechten Oberschenkel, das Knie ist gebeugt und die Zehen zeigen zum Boden hin. Strecken Sie beim Ausatmen Ihr rechtes Bein nach vorne aus, wobei die Zehen weiter zum Boden zeigen. Beugen Sie beim Ausatmen das Knie und bringen Sie den Fuß wieder an den Körper heran. Stellen Sie beim Einatmen den rechten Fuß zurück auf den Boden. Verlagern Sie dann Ihr Gewicht auf den rechten Fuß und führen Sie die Bewegung nun mit dem anderen Bein aus. Wiederholen Sie die gesamte Bewegungsabfolge drei Mal.

Neunte Achtsame Bewegung: In dieser Übung machen Sie mit dem Bein einen Kreis. Zunächst sind die Füße zusammen und die Hände liegen an der Taille. Verlagern Sie das Gewicht auf den linken Fuß und heben Sie beim Einatmen das rechte Bein nach vorne und drehen Sie es zur Seite. Beim Ausatmen setzen Sie den Kreis nach hinten fort. Setzen Sie das Bein dann hinten zum Boden, so dass die Zehen den Boden berühren können. Beim Einatmen heben Sie das Bein wieder und drehen es in die Seite. Ausatmend führen Sie den Kreis bis nach vorne weiter. Dann senken Sie das Bein und setzen Sie den Fuß auf dem Boden direkt neben dem anderen Fuß auf. Das Gewicht ist dann wieder auf beiden Füßen verteilt. Verlagern Sie dann das Gewicht auf den rechten Fuß und führen Sie die Übung mit dem rechten Bein durch. Wiederholen Sie die Bewegungsabfolge drei weitere Male.

Zehnte Achtsame Bewegung: Diese Übung wird in einem Ausfallschritt durchgeführt. Stellen Sie die Füße etwas weiter als schulterbreit auseinander. Drehen Sie sich nach rechts und setzen Sie den rechten Fuß so nach vorne, dass Sie in einer solchen Position sind. Legen Sie die linke Hand in die Taille und den rechten Arm an die Seite. Beugen Sie beim Einatmen das rechte Knie, bringen Sie Ihr Gewicht über den rechten Fuß, während Sie den rechten Arm mit nach vorn gerichteter Handfläche nach oben heben und zum Himmel strecken. Beim Ausatmen strecken Sie das Knie durch Verlagern des Gewichts wieder und bringen den rechten Arm zurück an die Seite. Wiederholen Sie die Bewegung drei Mal.

Wechseln Sie die Beine und legen Sie die rechte Hand an die Taille. Wiederholen Sie die Bewegung auf der linken Seite vier Mal. Dann bringen Sie die Füße wieder zusammen.

Stehen Sie am Ende der Zehn Achtsamen Bewegungen fest auf den Füßen und atmen Sie ein und aus. Spüren Sie die Entspannung im Körper. Genießen Sie Ihr Atmen.

Übungen für Beziehungen und Gemeinschaften

Eine Gemeinschaft (Sangha) schaffen und erhalten

Unser Leiden in dieser Gesellschaft rührt in starkem Maße daher, dass wir uns von den anderen getrennt fühlen. Oft fühlen wir selbst zu Menschen, die in unserer Nähe leben, wie unseren Nachbarn, unseren Kolleginnen und Kollegen und sogar zu Familienmitgliedern, keine wirkliche Verbindung. Jeder lebt nur für sich, abgeschnitten von gemeinschaftlicher Unterstützung.

Wenn wir Achtsamkeit praktizieren, beginnen wir, unsere Verbundenheit zu anderen Menschen zu sehen. Wir brauchen eine Gemeinschaft, damit unsere Praxis gedeiht und wir andere unterstützen können. Im Buddhismus wird eine solche Praxisgemeinschaft *Sangha* genannt. Der Buddha hatte eine Sangha von Mönchen, Nonnen, Laienschülerinnen und -schülern. Wir können unsere Familie zu einer Sangha machen. Wir können unseren Arbeitsplatz zu einer Sangha machen, unsere Nachbarschaft, Stadtparlamente, Landesregierungen und sogar der Bundestag können zu einer Sangha werden, wenn jeder die Kunst des tiefen Zuhörens und liebevollen Sprechens kennt.

Sich als Teil einer Sangha zu verstehen kann Gefühle der Isolation und Getrenntheit heilen. Wir praktizieren zusammen, manchmal essen wir Seite an Seite und spülen Töpfe zusammen. Indem wir mit anderen in unseren alltäglichen Verrichtungen zusammenwirken, können wir ein deutlich spürbares Gefühl von Liebe und Akzeptanz erfahren.

Die Sangha ist ein Garten, voller unterschiedlicher Bäume und Blumen. Wenn wir uns selbst und andere als schöne, einzigartige Blumen und Bäume sehen können, werden wir uns wahrhaft dahin entwickeln, einander zu verstehen und zu lieben. Eine Blume blüht vielleicht schon zu Beginn des Frühlings, eine andere erst im späten Sommer. Ein Baum trägt viele Früchte, ein anderer bietet wohltuenden Schatten. Keine Pflanze ist großartiger oder minderwertiger als die anderen Pflanzen dieses Gartens und keine ist einer anderen genau gleich. Und so hat auch jedes Sangha-Mitglied der Gemeinschaft seine einzigartigen Gaben zu bieten. Wir alle haben aber daneben auch Bereiche, die ebenfalls der Aufmerksamkeit bedürfen. Können wir das, was jedes Mitglied beisteuern kann, wertschätzen, und gleichzeitig unsere Schwäche als Potential für unser Wachstum sehen, dann können wir lernen, miteinander in Harmonie zu leben. Unsere Praxis besteht darin zu erkennen, dass wir eine Blume oder ein Baum und gleichzeitig der ganze Garten sind, alle miteinander verbunden.

Zu sein bedeutet, zu *inter-sein*, wechselseitig miteinander verbunden und verwoben. So wie eine Blume in ihrer Existenz vom Sonnenschein, von den Wolken, von der Erde abhängt, so ist es auch bei uns Menschen, dass niemand von uns nur aus sich selbst heraus sein kann. Intersein ist die Lehre des Buddha, die besagt, dass alles durch alles andere und aus allem anderen besteht. Wenn wir alles zu seinem Ursprung zurückführen, dann bleibt nichts übrig. Wenn wir den Sonnenschein zur Sonne, das Wasser zur Wolke, den Erdboden zur Erde zurückführen, dann kann es keine Blume mehr geben. Eine Blume besteht ausschließlich aus Nicht-Blume-Elementen. Daher sagen wir, eine Blume ist leer von einem Selbst, leer von einem eigenständigen Selbst. Sie ist erfüllt von allem und leer von einem eigenständigen, abgetrennten Selbst. Wir sind leer und wir sind aus dem Kosmos gemacht. Betrachten wir einen Menschen, sehen wir den gesamten Kosmos und all unsere Vorfahren. In jedem Menschen können wir die Luft, das Wasser, Reisen, Freuden und Sorgen sehen, die es schon vor uns gab. Wir haben alle nötigen Informationen in uns, um den Kosmos verstehen zu können. Verstehen wir die Natur des Interseins, der wechselseitigen Verbundenheit und Durchdringung, dann werden wir weniger leiden und wir werden verstehen, warum es wichtig ist, in einer Gemeinschaft zu sein.

Als Gemeinschaft wird unsere Achtsamkeitspraxis freudvoller, entspannter und andauernder. Wir sind füreinander Glocken der Achtsamkeit, die sich auf dem gemeinsamen Pfad unterstützen und immer wieder erinnern. Mit Unterstützung der Gemeinschaft können wir Frieden und Freude in uns und um uns kultivieren als ein Geschenk für all die, die wir lieben und um die wir uns kümmern. Wir können Festigkeit und Freiheit kultivieren – fest in unseren tiefsten Bestrebungen und frei von Ängsten, Missverständnissen und Leiden.

Übung

Eine Sangha aufzubauen ist wie das Einpflanzen einer Sonnenblume. Sie müssen wissen, welche Bedingungen das Wachstum der Blume befördern und welche es behindern. Sie brauchen gesunde Samen, geschickte Gärtnerinnen und Gärtner und viel Sonnenschein und Platz zum Wachsen. Wenn Sie eine Sangha aufbauen wollen, ist es am wichtigsten, sich immer wieder daran zu erinnern, dass wir es gemeinsam tun. Je mehr Sie die Sangha umarmen, je einfacher können Sie das Gefühl eines abgetrennten Selbst loslassen. Sie können sich in die kollektive Weisheit und Einsicht der Sangha hinein entspannen und klar erkennen, dass die Augen, Hände und das Herz der Gemeinschaft größer sind als die jedes einzelnen Mitglieds der Sangha.

Leben Sie in einer Familie oder mit nahen Freundinnen und Freunden, so ist das ein guter Ort des Beginnens. Ihre Familie und Ihre Freundinnen und Freunde können Ihre

Sangha sein. Sie können auch eine „Arbeitsplatz-Sangha" schaffen, indem Sie sich mit Ihren Kolleginnen und Kollegen in Liebe und Verstehen üben und jeden und jede als geliebten Bruder oder geliebte Schwester sehen. Sie können jedes Mal, wenn Sie von einem Büro zum anderen gehen, wenn Sie einen Gang entlanggehen, Gehmeditation machen.

Vielleicht ist es Ihnen möglich, während der Pausen mit einem oder mehreren Menschen zusammen zu sitzen, zu gehen oder achtsam zu essen. Sie können die Glocke einladen oder andere bitten, es zu tun, oder Sie können während der Arbeit die Telefonmeditation praktizieren. Eine Gemeinschaft kann klein starten, es kann eine Sangha von nur zwei Personen sein. Auch wenn nur zwei Menschen eine Sangha, eine Atmosphäre der Achtsamkeit schaffen, werden Frieden und Harmonie in deren Umfeld wachsen und auch die Sangha wird wachsen.

Neubeginn

Neu zu beginnen bedeutet, uns selbst eingehend und ehrlich zu betrachten, unsere vergangenen Handlungen, das, was wir gesprochen und gedacht haben, genau anzuschauen und einen frischen Neubeginn für uns selbst und in unseren Beziehungen zu anderen zu schaffen. Wir praktizieren den Neubeginn, um unseren Geist zu klären und unsere Übung lebendig zu halten. Tauchen in unseren Beziehungen Schwierigkeiten auf und fühlt sich einer von uns verletzt oder voller Unmut, dann wissen wir, es ist Zeit für einen Neubeginn.

Der Neubeginn hilft uns liebevolles Sprechen und mitfühlendes Zuhören zu entwickeln, denn in dieser Übung erkennen und wertschätzen wir die positiven Elemente innerhalb unserer Sangha. Indem wir die positiven Eigenschaften anderer erkennen, sehen wir auch unsere eigenen guten Qualitäten. Neben diesen guten Eigenschaften haben wir auch alle bestimmte Schwächen, wir sprechen und handeln vielleicht manchmal aus Wut und Ärger heraus oder verstricken uns in falsche Wahrnehmungen. Es ist wie in einem Garten: „Gießen wir die Blumen“ der liebenden Güte und des Mitgefühls in jedem und jeder von uns, dann entziehen wir gleichzeitig dem Unkraut der Wut, der Eifersucht und falschen Wahrnehmungen Energie.

Wir können den Neubeginn jeden Tag praktizieren, indem wir unsere Wertschätzung für die Menschen in unserer Gemeinschaft zum Ausdruck bringen und uns sofort dafür entschuldigen, wenn wir etwas getan oder gesagt haben, was jemand anderen verletzt hat. Höflich können wir auch andere wissen lassen, wenn sie uns vielleicht verletzt haben. Die Gesundheit und das Glück der ganzen Gemeinschaft hängen von der Harmonie, dem Frieden und der Freude ab, die zwischen uns allen herrschen.

Übung

In Plum Village praktizieren wir den Neubeginn jede Woche. Wir sitzen im Kreis und in der Mitte steht eine Vase mit frischen Blumen. Wir folgen unserem Atem, während wir darauf warten, dass der oder die Anleitende beginnt. Die Zeremonie besteht aus drei Teilen: das Gießen der Blumen, Bedauern zum Ausdruck bringen, sowie Verletzungen und Schwierigkeiten ausdrücken. Durch diese Praxis können wir verhindern, dass sich verletzte Gefühle über Wochen hinweg anstauen, und sie ist hilfreich, die Gemeinschaft zu einem sicheren Ort zu machen.

Wir beginnen mit dem Gießen der Blumen. Ist jemand aus der Runde bereit zu sprechen, legt er die Handflächen zusammen und die anderen tun es ihm nach, um zu zeigen, dass er das Recht hat, jetzt zu sprechen. Er steht dann auf, geht langsam zu den Blumen, nimmt die Vase in die Hand und kehrt zu seinem Sitz zurück. In seinen folgenden Worten spiegelt sich die Frische und Schönheit der Blumen in seiner Hand. Der Sprecher wertschätzt zunächst die heilsamen, wundervollen Qualitäten der anderen. Das ist nicht geflunkert, denn wir sagen immer die Wahrheit. Jeder hat seine starken Seiten, die im Gewahrsein sichtbar werden. Niemand unterbricht den Sprecher; er hat so viel Zeit, wie er braucht, während die anderen tiefes Zuhören praktizieren. Am Ende seiner Worte steht er auf und bringt die Vase wieder in die Mitte des Kreises zurück.

Wir sollten diesen ersten Schritt des Blumengießens nicht unterschätzen. Können wir die guten Eigenschaften anderer Menschen wahrhaft erkennen, so können wir kaum noch an unseren Gefühlen der Wut und Verbitterung festhalten. Wir werden auf ganz natürliche Weise weicher, unsere Wahrnehmung wird sich weiten und die Wirklichkeit in umfassenderer Perspektive aufnehmen. Sind wir nicht länger in falschen Wahrnehmungen, Ärger und Urteilen verfangen, können wir viel leichter einen Weg der Versöhnung mit den anderen aus unserer Gemeinschaft oder Familie finden. Liebe und Verstehen zwischen den Mitgliedern der Gemeinschaft wiederherzustellen, das ist die Essenz dieser Übung. Welche genaue Form diese Übung dann hat, das muss zu der Situation und den beteiligten Menschen passen. Es ist stets hilfreich, sich mit anderen, die mehr Erfahrungen mit dieser Übung haben und möglicherweise durch ähnliche Schwierigkeiten gegangen sind, zu beraten, um von ihren Erfahrungen zu profitieren.

Im zweiten Teil der Übung drücken wir unser Bedauern aus für alles, was wir getan haben, das andere verletzt hat. Es braucht manchmal nicht mehr als eines gedankenlosen Satzes, um jemanden zu verletzten. Den Neubeginn zu üben ist eine gute Gelegenheit, sich einigen Kummer aus der letzten Woche wieder ins Gedächtnis zu rufen und ihn aufzulösen.

Im dritten Teil der Zeremonie sprechen wir von den Verletzungen, die andere uns zugefügt haben. Dabei ist das liebevolle Sprechen ganz wesentlich. Wir wollen die Gemeinschaft heilen, ihr kein Leid zufügen. Wir sprechen ganz frei, aber nicht destruktiv. Ein weiteres wichtiges Element der Übung ist das tiefe Zuhören. Unser Sprechen wird sehr viel schöner und konstruktiver, wenn wir in einem Kreis von Freundinnen und Freunden sitzen, die alle tiefes Zuhören praktizieren. Wir klagen niemals an, beschuldigen oder streiten.

Beim letzten Teil der Zeremonie ist das mitfühlende Zuhören wesentlich. Wir lauschen dem, was die jeweils Sprechende über ihre Verletzungen und Schwierigkeiten sagt, und sind willens und bereit, ihr Leiden zu lindern, sie nicht zu bewerten oder zu beurteilen oder mit ihr zu streiten. Wir lauschen mit all unserer Aufmerksamkeit. Selbst wenn wir etwas Unwahres hören, hören wir ganz tief zu, damit die andere ihr Leiden ausdrücken kann und sich so ihre inneren Spannungen lösen können. Wenn wir ihr antworten oder sie verbessern, dann wird die Übung keine Früchte tragen können. Wir hören nur zu. Einige Tage später können wir ihr, falls nötig, ruhig und in privatem Rahmen sagen, dass ihre Wahrnehmung nicht richtig war. Bei der nächsten Neubeginn-Zeremonie wird sie dann vielleicht ihren Irrtum richtig stellen und wir brauchen gar nichts mehr zu sagen.

Wir beenden die Zeremonie mit einem gemeinsamen Lied oder wir halten uns an den Händen und atmen für eine Minute zusammen.

Friedensvertrag

Sagt unser Freund oder unsere Partnerin etwas Unfreundliches zu uns und wir fühlen uns verletzt, so wird die Situation meist noch schlimmer, wenn wir darauf sofort reagieren. Eine andere Option ist es, zunächst einmal ein- und auszuatmen, um uns zu beruhigen, und dann, wenn wir ruhig genug sind, zu sagen: „Liebling, was du da gesagt hast, hat mich doch sehr verletzt. Ich möchte es mir genau anschauen und ich möchte auch, dass du es dir anschaust. Dann könnten wir uns verabreden, in einigen Tagen gemeinsam zu schauen." Es ist gut, wenn ein Mensch die Wurzeln unseres Leidens betrachtet; sind es zwei Menschen, ist es noch besser, am besten aber ist es, wenn zwei Menschen das gemeinsam tun.

Vielleicht sind wir mit uns selbst im Kriegszustand, schaden unserem Körper durch Drogen und Alkohol. Diese Übung gibt uns die Möglichkeit, einen Friedensvertrag mit unserem Körper, unseren Gefühlen und Emotionen abzuschließen. Sobald wir das getan haben, werden wir mehr Frieden erleben und damit beginnen können, uns auch mit unseren Liebsten zu versöhnen. Herrscht in uns Krieg, ist es so einfach, mit unseren Liebsten Krieg zu beginnen, von unseren Feinden mal ganz abgesehen. Wie wir mit unseren Liebsten sprechen, wie wir sie behandeln, das bestimmt, ob wir sie als Menschen, die uns lieb und teuer sind, oder als Feinde behandeln. Wenn aber schon die uns Liebsten unsere Feinde sind, wie können wir dann je auf Frieden in unserem Land und in der Welt hoffen?

Wir alle tragen die Samen der Weisheit in uns. Wir wissen, dass Bestrafung uns nirgendwo hinführt und doch sind wir stets darauf aus, andere zu bestrafen. Sagt unsere Liebste etwas oder tut sie etwas, das uns leiden lässt, dann wollen wir sie bestrafen, weil wir glauben, dann ginge es uns besser. Manchmal sind wir so klar zu wissen, wie kindisch und ignorant das ist, denn wenn wir sie leiden lassen, wird sie ihrerseits auf Bestrafung sinnen, um sich besser zu fühlen. Das alles führt zu einer Eskalation von gegenseitigen Strafaktionen.

Der Friedensvertrag und die Friedensmitteilung sind zwei hilfreiche Werkzeuge, um Wut und Verletzung in unseren Beziehungen zu heilen. Unterschreiben wir den Friedensvertrag, schließen wir nicht nur mit anderen Frieden, sondern auch mit uns selbst.

Übung

Unten finden Sie den Text des Friedensvertrags. Es ist hilfreich, ihn wirklich zu unterschreiben, statt ihn nur durchzulesen. In diesem Vertrag wird der Freitagabend als möglicher Gesprächsabend vorgeschlagen. Sie können natürlich auch jeden anderen Abend nehmen, doch der Freitagabend ist im Allgemeinen gut geeignet. Ist für Sie etwas am Freitagnachmittag vorgefallen, können Sie den folgenden Freitag als Gesprächsabend nehmen. Am selben Tag sind sie meist noch zu verletzt und es kann dann zu riskant sein, jetzt darüber zu reden. Sie sagen vielleicht Dinge, welche die Situation verschlimmern. Bis zum Freitagabend können Sie nun tief in die Natur Ihres Leidens hineinschauen und auch Ihr Gegenüber kann es tun. Vielleicht erkennt einer von Ihnen, vielleicht sehen ja auch beide während der Woche die Wurzel des Problems und sind in der Lage, es der anderen Person zu sagen und sich zu entschuldigen. Dann können Sie am Freitagabend gemeinsam Tee trinken und sich aneinander erfreuen. Das ist die Übung der Meditation.

Meditation bedeutet, uns zur Ruhe zu bringen und tief in die Natur unseres Leidens hineinzuschauen.

Haben Sie das Leiden bis zum Freitagabend noch nicht zu transformieren vermocht, werden Sie die Kunst Avalokiteshvaras praktizieren können: Während die eine Person ihre Verletzung, ihr Leiden ausdrückt, hört die andere tief zu. Im liebevollen Sprechen, einem Sprechen, das vom anderen verstanden und akzeptiert werden kann, sagen Sie auf tiefstmögliche Weise die Wahrheit. Während Sie zuhören, wissen Sie, dass Ihr Zuhören eine so gute Qualität besitzen muss, dass es das Leiden der anderen zu lindern vermag.

Gelingt Ihnen das, ist der Freitagabend auch insofern ein guter Termin, weil Sie danach noch den Samstag und Sonntag haben, an denen Sie Ihr Zusammensein genießen können.

Der Friedensvertrag

Wir, die Unterzeichnenden, geloben, das Folgende zu beachten und zu praktizieren, weil wir lange und glücklich miteinander leben und unsere Liebe und unser Verstehen vertiefen wollen:

Als der- oder diejenige, der / die verärgert ist, stimme ich zu:

1. Alles zu unterlassen – Worte, Taten –, die weiteren Schaden verursachen oder den Ärger, die Wut weiter eskalieren könnten.
2. Meinen Ärger, meine Wut nicht zu unterdrücken.
3. Achtsames Atmen zu praktizieren und zur Insel meiner selbst Zuflucht zu nehmen.
4. Der anderen Person, die meinen Ärger, meine Wut ausgelöst hat, auf ruhige Weise innerhalb von vierundzwanzig Stunden meinen Ärger und mein Leiden mündlich oder schriftlich mitzuteilen.

5. Mündlich oder schriftlich um ein Gespräch in ein paar Tagen (zum Beispiel am nächsten Freitagabend) zu bitten, um das Vorgefallene eingehender zu besprechen.
6. Nicht zu sagen: „Ich bin gar nicht ärgerlich oder wütend. Ich leide nicht. Es ist alles in Ordnung."
7. Achtsames Atmen zu praktizieren und mein alltägliches Leben genau zu betrachten – während des Sitzens, Liegens, Stehens und Gehens –, um zu erkennen:
   a. Wie ich selbst gelegentlich ungeschickt gewesen bin
   b. Wie ich den anderen durch meine Gewohnheitsenergien verletzt habe.
   c. Wie der starke Samen von Wut und Ärger in mir die primäre Ursache meines Ärgers, meiner Wut ist.
   d. Wie das Leiden des anderen, das die Samen meines Ärgers, meiner Wut gegossen hat, die sekundäre Ursache ist.
   e. Wie die andere Person lediglich nach Linderung ihres Leidens sucht.
   f. Dass ich nicht glücklich sein kann, solange der andere leidet.
8. Mich sofort zu entschuldigen, ohne bis zum nächsten Freitagabend zu warten, sobald ich meinen Mangel an Geschick und Achtsamkeit erkannt habe.
9. Das vereinbarte Gespräch am Freitag zu verschieben, wenn ich mich für ein Treffen mit der anderen Person nicht ruhig genug fühle.

Als die- oder derjenige, die / der den Ärger, die Wut in der anderen Person ausgelöst hat, stimme ich zu:

1. Die Gefühle der anderen zu achten, sie nicht zu verspotten und ihr genügend Zeit einzuräumen, sich zu beruhigen.
2. Nicht auf ein sofortiges Gespräch zu drängen.

3. Der anderen Person ihre Anfrage um ein Treffen mündlich oder schriftlich zu bestätigen und ihr zu versichern, da zu sein.
4. Achtsames Atmen zu praktizieren und zur Insel meiner selbst Zuflucht zu nehmen und zu erkennen:
   a. Dass ich Samen der Unfreundlichkeit und des Ärgers, der Wut in mir habe ebenso wie die Gewohnheitsenergie, andere unglücklich zu machen.
   b. Dass ich fälschlicherweise geglaubt habe, indem ich der anderen Person Leid zufüge, werde dies mein eigenes Leiden lindern.
   c. Dass ich mir selbst Leid zufüge, indem ich der anderen Person Leiden bereite.
5. Mich sofort zu entschuldigen, sobald ich meinen Mangel an Geschick und Achtsamkeit erkannt habe, ohne auch nur irgendeinen Versuch der Rechtfertigung zu machen oder bis zum nächsten Freitagabend zu warten.

Wir geloben, mit Buddha als unserem Zeugen und in der achtsamen Gegenwart der Sangha, uns an diese Punkte zu halten und sie mit ganzem Herzen zu praktizieren. Wir rufen die Drei Juwelen an, uns zu beschützen und uns Klarheit und Vertrauen zu gewähren.

Unterzeichnende:
Datum:

Diese Mitteilung kann mit dem Friedensvertrag zusammen verwendet werden. Sie können Kopien davon zu Hause oder da, wo Sie sie vielleicht auch noch brauchen könnten, aufbewahren.

Friedensmitteilung

Datum:
Zeit:

Liebe/r ...
Heute Morgen (Nachmittag, Abend) hast du etwas gesagt (getan), das mich sehr ärgerlich (wütend) gemacht hat. Ich habe sehr gelitten. Ich möchte, dass Du das weißt. Du hast gesagt (getan):

Bitte lass uns beide genauer anschauen, was Du gesagt (getan) hast, und die Angelegenheit in ruhiger, offener Weise am nächsten Freitagabend näher untersuchen.

Dein/e gerade nicht sehr glückliche/r

Das System des Zweiten Körpers

In einer großen Gemeinschaft oder selbst in einer großen Familie ist es nicht immer möglich, jeden Einzelnen im Blick zu haben. In Plum Village haben wir als Abhilfe für unsere Gemeinschaft etwas entwickelt, das wir das System des Zweiten Körpers nennen. Ihr eigener Körper ist Ihr Erster Körper, und ein Familienmitglied oder Mitglied der Sangha ist Ihr Zweiter Körper. Ihr Zweiter Körper nimmt sich jemand anderen, der sein Zweiter Körper ist, bis wir einen Kreis haben. Auf diese Weise hat jede jemanden, nach dem sie schaut, und jeder schaut nach jemandem.

Nach jemandem schauen bedeutet, sich um unseren Zweiten Körper zu kümmern und ihm zu helfen, wenn er physisch krank, niedergeschlagen oder überarbeitet ist. Reisen wir zusammen, sind wir zum Beispiel dafür verantwortlich, dass unser zweiter Körper nicht zurückbleibt. Ist die Stimmung unseres Zweiten Körpers gedrückt, können wir nach Möglichkeiten Ausschau halten, sie zu bessern. Kann unser Zweiter Körper nicht lächeln, helfen wir ihm, es zu tun. Hat er die Grippe, bringen wir Arznei und etwas zu essen und zu trinken. Wir nutzen dieses System des Zweiten Körpers in all unseren Praxiszentren und es steigert die Qualität unseres Glücks im Zusammenleben. Wenn wir uns um ein Mitglied kümmern, bietet das eine wunderbare Möglichkeit, mit der gesamten Gemeinschaft in Verbindung zu sein. Das gilt auch für große Familien.

Der Erste Körper sind Sie selbst. Ihr Zweiter Körper ist eine andere Person, die Sie als eine Ausweitung Ihrer selbst betrachten. Sind Sie mein Zweiter Körper, dann bin ich Ihr fürsorglicher Freund, der sich um Sie kümmert. Jeder wählt jemanden als seinen Zweiten Körper und, wie oben beschrieben, wählt diese auch wieder jemanden, so dass wir einen vollständigen Kreis bilden, bei dem jede Person mit der nächsten verbunden ist. Sie sollten sich mit Ihrem Zweiten Körper sehr verbunden fühlen, als wäre er ein Teil von Ihnen, ein Teil, dem Sie Ihre Aufmerksamkeit schenken und für den Sie sorgen. Geht es Ihrem Zweiten Körper nicht gut, so suchen Sie herauszufinden, wie Sie ihm helfen können, indem Sie ihm zu essen und trinken bringen und die Gemeinschaft wissen lassen, dass Ihr Zweiter Körper krank ist. Bemerken Sie, dass Ihr Zweiter Körper nicht glücklich ist, können Sie vielleicht, indem Sie ihn fragen oder beobachten, eine Möglichkeit finden, ihm zu helfen.

Wenn Sie selbst an einer Aktivität nicht teilnehmen können, dann lassen Sie das die fürsorgliche Freundin wissen. Sie ist keine Polizistin, die über Ihre Aktivitäten wacht, sondern jemand, die nach Ihnen schaut und sich um Sie kümmert, so wie Sie sich um Ihren Zweiten Körper kümmern. Bedenken Sie, dass jeder Mensch unterschiedliche Bedürfnisse hat, seien Sie also sehr einfühlsam und intelligent darin, Ihre Fürsorge zu zeigen. Manchmal sind einige freundliche Worte nötig, zu anderen Zeiten mag die beste Unterstützung, die Sie Ihrer Freundin geben können, darin bestehen, dass Sie auf Ihrer Insel des achtsamen Atmens weilen.

Sich um unseren Zweiten Körper zu kümmern ist eine sehr konkrete Übung der wechselseitigen Verbundenheit, bei der wir realisieren können, dass wir alle Teile eines Körpers sind. Alle in der Gemeinschaft haben ihren Zweiten Körper. Die Person, um die sich Ihr Zweiter Körper kümmert, ist Ihr Dritter Körper. Indem Sie sich also um Ihren Zweiten Körper kümmern, tragen Sie für die gesamte Gemeinschaft Sorge.

Umarmungsmeditation

Bei einer Umarmung verbinden sich unsere Herzen und wir wissen, dass wir keine getrennten Wesen sind. Eine achtsame, gesammelte Umarmung kann Versöhnung, Heilung, Verstehen und sehr viel Glück mit sich bringen. Die Übung des achtsamen Umarmens hat schon vielen Menschen geholfen, sich miteinander zu versöhnen – Väter und Söhne, Mütter und Töchter, Partner und Partnerinnen, Freunde und Freundinnen und so weiter.

Übung

Sie können die Umarmungsmeditation mit einem Freund, Ihrer Tochter, Ihrem Vater, Ihrer Partnerin oder sogar mit einem Baum praktizieren. Verbeugen Sie sich dabei als Erstes, um die Präsenz des anderen zu bestätigen und anzuerkennen. Schließen Sie die Augen, atmen Sie tief ein und aus und stellen Sie sich sich und den Menschen vor Ihnen in dreihundert Jahren vor. Genießen Sie drei tiefe bewusste Atemzüge, um vollständig da zu sein. Erwecken Sie beim Ein- und Ausatmen Ihre Einsicht von der Unbeständigkeit allen Seins zum Leben. „Einatmend weiß ich um die Kostbarkeit des Lebens in diesem Moment. Ausatmend wertschätze ich diesen Moment des Lebens." Lächeln Sie den Menschen vor Ihnen an, drücken Sie Ihren Wunsch aus, ihn im Arm zu halten. Dies ist eine Übung und ein Ritual gleichermaßen. Bringen Sie Körper und Geist zusammen, um vollkommen präsent, vollkommen lebendig zu sein, dann ist das ein Ritual.

Trinke ich ein Glass Wasser, so tue ich das hundertprozentig. Sie sollten sich darin üben, auf diese Weise jeden Augenblick Ihres täglichen Lebens zu leben. Das Umarmen ist eine sehr tief greifende Übung. Um sie richtig durchzuführen, müssen Sie vollkommen präsent sein.

Breiten Sie dann Ihre Arme aus und beginnen Sie mit der Umarmung. Halten Sie einander für drei Atemzüge. Beim ersten Atemzug werden Sie gewahr, dass Sie in diesem Moment präsent sind, und Sie sind glücklich. Beim zweiten Atemzug werden Sie gewahr, dass der Mensch vor Ihnen in diesem Moment präsent und ebenfalls glücklich ist. Beim dritten Atemzug werden Sie gewahr, dass Sie gemeinsam hier sind, jetzt auf dieser Erde, und Sie empfinden tiefe Dankbarkeit und großes Glück für Ihr Zusammensein. Dann lassen Sie die andere Person langsam wieder los und verbeugen Sie sich als Dank noch einmal voreinander.

Sie können diese Übung auch folgendermaßen durchführen: Beim ersten Atemzug werden Sie gewahr, dass Sie und der Mensch vor Ihnen lebendig sind; beim zweiten Atemzug denken Sie daran, wo Sie beide in dreihundert Jahren sein werden, und beim dritten Atemzug kehren Sie zu der Einsicht zurück, dass Sie beide lebendig sind.

Durch eine solche Umarmung wird der Mensch vor Ihnen wirklich und lebendig. Sie müssen nicht darauf warten, bis einer von Ihnen sich verabschiedet; Sie können gerade jetzt, in diesem Augenblick, Ihre Freundin umarmen und ihre Wärme und Stabilität im gegenwärtigen Augenblick empfangen. Umarmung kann eine sehr tief greifende Praxis der Versöhnung sein.

Während der schweigenden Umarmung kann die Botschaft doch sehr klar sein: „Liebste, du bist mir so kostbar. Es tut mir leid, ich war nicht sehr achtsam und rücksichtsvoll. Ich habe Fehler gemacht. Erlaube mir, neu zu beginnen."

In diesem Augenblick wird das Leben real. Ihre Umarmung wird noch tiefer und Ihr Glück noch größer.

Tiefes Zuhören und liebevolles Sprechen

Wir alle leiden, wenn unsere Kommunikation zu anderen abgebrochen ist. Hört uns niemand zu, finden wir nirgends Verständnis, dann werden wir wie eine Bombe, die jederzeit explodieren kann. Mitfühlendes Zuhören führt zu Heilung. Manchmal reichen schon zehn Minuten achtsamen Zuhörens aus, um uns zu verwandeln und ein Lächeln zurück auf unsere Lippen zu bringen.

Viele von uns haben die Fähigkeit, in unseren Familien wirklich zuzuhören und liebevoll zu sprechen, verloren. Vielleicht ist niemand mehr in der Lage, einem anderen zuzuhören. So fühlen wir uns selbst innerhalb unserer Familie manchmal sehr einsam. Wir gehen zur Psychotherapie, in der Hoffnung, dass die Therapeutin uns zuzuhören vermag. Doch auch viele Therapeuten tragen in sich tiefes Leid. Manchmal können Sie gar nicht so tief zuhören, wie sie es gern tun würden. Lieben wir jemanden wirklich, dann müssen wir uns darin üben, bessere, tiefere Zuhörende zu werden.

Wir müssen uns aber auch in liebevollem Sprechen üben. Wir haben die Fähigkeit verloren, Dinge ruhig zu sagen. Wie leicht werden wir verärgert. Jedes Mal, wenn wir den Mund öffnen, sind wir in unserem Sprechen unwirsch oder verbittert. Wir können nicht mehr mit Freundlichkeit sprechen. Ohne diese Fähigkeit werden wir aber keine Harmonie, keine Liebe, kein Glück wiederherstellen können.

Im Buddhismus sprechen wir von Bodhisattvas, von weisen und mitfühlenden Menschen, die auf der Erde bleiben, um das Leiden anderer zu lindern. Bodhisattva Avalokiteshvara, auch Quan Yin genannt, besitzt die Fähigkeit, mitfühlend und wahrhaft präsent zuzuhören. Quan Yin ist die

Bodhisattva, die die Klänge der Welt, das Weinen und die Schreie des Leidens hört und versteht.

Übung

Damit wir stets unser Mitgefühl bewahren können, müssen wir achtsam ein- und ausatmen. Wir hören zu, ohne Ratschläge zu erteilen, ohne zu beurteilen. Sie können zu sich selbst in Bezug auf den Menschen vor Ihnen sagen: „Ich höre ihm zu, weil ich sein Leiden lindern möchte." Das wird mitfühlendes Zuhören genannt. Sie müssen so zuhören, dass Ihr Mitgefühl während des gesamten Zuhörens präsent ist. Das ist die Kunst. Wenn Ärger oder Wut während des Zuhörens in Ihnen hochkommt, können Sie nicht weiter zuhören. Sie müssen sich so im Zuhören üben, dass Sie achtsam ein- und ausatmen und sich Ihr Mitgefühl bewahren, sollte die Energie des Ärgers und der Wut in Ihnen hochkommen. Nur mit Mitgefühl können wir einander wirklich zuhören. Sie sitzen sehr ruhig da und atmen ein und aus, egal was der andere sagt, selbst wenn seine Worte, seine Sicht der Dinge eine Fülle gewichtiger Information und starker Ungerechtigkeiten enthalten oder er sie beschimpft und anklagt.

Lassen Sie es die andere wissen, wenn Sie ihr nicht mehr auf diese Weise zuhören können. Sagen Sie Ihrer Freundin: „Liebe, können wir in ein paar Tagen weiterreden? Ich muss mich regenerieren, ich muss so praktizieren, dass ich dir auf bestmögliche Weise zuhören kann." Sind Sie in keiner guten Verfassung, dann sind Sie nicht in der Lage, auf diese Weise zuzuhören. Praktizieren Sie in diesem Fall mehr Gehmeditation, mehr Sitzmeditation, um Ihre Fähigkeit zu mitfühlendem Zuhören wiederherzustellen.

Sich um Wut und andere starke Emotionen kümmern

Unsere Wut ist wie ein kleines Kind, das nach seiner Mutter schreit. Die Mutter nimmt das Baby sanft in den Arm, hört genau hin und beobachtet es sorgsam, um herauszufinden, was ihm fehlt. Diese liebevolle, zärtliche Haltung lindert bereits das Leiden des Babys. Und genauso können wir unsere Wut liebevoll im Arm halten und werden sofort Linderung erfahren. Wir müssen die Wut nicht zurückweisen. Sie ist ein Teil von uns, der unserer Liebe und unseres tiefen Zuhörens bedarf, so wie ein Baby. Hat sich das Baby etwas beruhigt, kann die Mutter schauen, ob es Fieber hat oder die Windeln gewechselt werden müssen. Fühlen wir uns wieder ruhig, können wir unsere Wut in tiefer Weise betrachten und die Bedingungen klar sehen, die ihr Entstehen ermöglicht haben.

Das Buch *Flowers in the Garden of Meditation* enthält die Geschichten verschiedener Zenmeister. Ein Meister sagt, wenn ein Mönch wütend werde, solle er seine Wut nicht länger als eine Nacht aufrechterhalten. In Vietnam sagen die Kinder: „Sei fünf Minuten lang wütend, traurig oder gelangweilt." Wir haben das Recht, wütend oder traurig zu sein, doch sind fünf Minuten dafür genug. Der Meister in *Flowers in the Garden of Meditation* gibt uns das Recht, die ganze Nacht wütend zu sein, aber am nächsten Morgen sollte es vorbei sein.

Üben wir uns darin, mit unseren heftigen Emotionen zu sein, wird die Energie der liebenden Güte und Fürsorge unsere Wut oder unseren Kummer mindern. Jedes Mal, wenn ein Sturm aufkommt, wissen wir, dass wir nach Hause gehen und dort alle Fenster und Türen schließen müssen, damit Sturm und Regen nicht eindringen und unser Haus zerstören können. Fällt der Strom aus, zünden wir Kerzen oder Öllampen an. Ist es kalt, machen wir die Heizung oder den Kamin an. Wir schaffen uns im Haus einen sicheren Bereich, während draußen der Sturm tobt.

Eine starke, heftige Emotion ist einem Sturm vergleichbar und sie kann großen Schaden anrichten. Wir müssen herausfinden, wie wir uns beschützen, eine sichere Umgebung für uns schaffen und dort das Ende des Unwetters abwarten können. Wir können nicht dasitzen und warten, dass der Sturm schnell vorbeizieht, während wir ungeschützt allen Schäden, die er mit sich bringt, direkt ausgesetzt sind. Unsere Praxis besteht darin, unseren Körper und Geist vor dem Unwetter zu sichern. Nach jedem Sturm sind wir stärker geworden, gefestigter und schon bald fürchten wir keine Stürme mehr. Wir beten nicht mehr für einen ruhigen Himmel, ein ruhiges Meer. Stattdessen beten wir um die Weisheit und Stärke, mit den Schwierigkeiten, die im Leben entstehen, umgehen zu können.

Mit der Übung müssen wir nicht warten, bis ein emotionales Unwetter in uns aufzieht. Wir müssen heute üben, täglich üben, für fünf bis zehn Minuten. Nach einigen Wochen wissen wir die Atemmethode richtig zu handhaben und wenn ein emotionaler Sturm in uns aufkommt, erinnern wir uns ganz automatisch daran und beginnen sofort zu praktizieren.

Übung

Mit der Wut sein

Wenn Sie ein Gefühl der Wut verspüren, ist es am besten, weder etwas zu sagen noch etwas zu tun. Vielleicht ziehen Sie Ihre Aufmerksamkeit von der Person oder Situation ab, die die Samen der Wut in Ihnen gegossen hat. Nehmen Sie sich die Zeit, zu sich selbst zurückzukehren. Atmen Sie achtsam und machen Sie eine Gehmeditation im Freien, um Ihren Körper und Geist zu beruhigen und zu erfrischen. Fühlen Sie sich ruhiger und entspannter, können Sie beginnen, sowohl sich als auch die andere Person und die Situation, die den Ärger oder die Wut in Ihnen ausgelöst haben, eingehender zu betrachten. Bei Problemen mit einem anderen Menschen ist es oft so, dass er eine Eigenschaft hat, die uns eine eigene, nur schwer von uns zu akzeptierende Schwäche spiegelt. Wenn Sie sich immer mehr selbst lieben und annehmen können, wird sich dies auch in Ihrem Umfeld auswirken.

Gehmeditation kann bei Wut sehr hilfreich sein. Versuchen Sie dabei den folgenden Vers zu rezitieren:

Einatmend weiß ich, dass Wut in mir ist.
Ausatmend weiß ich, dass dieses Gefühl unangenehm ist.

Und dann nach einer Weile Gehmeditation:

Einatmend fühle ich mich ruhig.
Ausatmend bin ich jetzt stark genug, um mich um diese Wut zu kümmern.

Bis Sie ruhig genug geworden sind, um direkt die Wut anzuschauen, sollten Sie sich einfach Ihres Atmens und Gehens und der Schönheiten draußen erfreuen. Nach einer Weile wird die Wut abklingen und Sie werden sich stark genug fühlen, sie direkt anzuschauen, ihre Ursachen zu verstehen suchen und sie zu transformieren beginnen.

Praktizieren Sie Sitzmeditation, während Sie wütend sind, können Sie über diesen Vers meditieren:

Sind wir in der letztendlichen Dimension wütend aufeinander, sollten wir nur unsere Augen schließen und in die Zukunft schauen.
Wo wirst Du sein in hundert Jahren
und wo werde ich sein?

Darin drückt sich die Einsicht in die Unbeständigkeit aus. Macht Ihre Liebste Sie wütend, dann wollen Sie sie bestrafen, um sich besser zu fühlen. Das ist eine ganz natürliche Neigung. Doch schließen Sie dann einmal die Augen und stellen Sie sich sie beide in hundert oder dreihundert Jahren vor. Das wird Ihnen Einsicht in die Unbeständigkeit geben. Ein einziges Einatmen und Ausatmen reichen aus für diese Einsicht. Wenn Sie dann die Augen wieder öffnen, wollen Sie nur noch eins: Ihre Arme öffnen und die andere Person umarmen. Das ist das Einzige, was es wert ist, getan zu werden – die Anwesenheit des anderen zu wertschätzen, denn sie ist so unbeständig und vergänglich. Nur wenn Sie der Natur der Unbeständigkeit nicht gewahr sind, können Sie wütend werden.

Sie leiden nicht, weil die Dinge unbeständig sind. Sie leiden, weil Dinge unbeständig sind und Sie nicht wissen, dass sie es sind. Das ist sehr wichtig. Es ist von daher sehr hilfreich, durch das achtsame Atmen Einsicht in die Unbeständigkeit zu erlangen und diese für sich lebendig zu erhalten. Dann werden Sie wissen, was Sie tun und was Sie unterlassen sollten, um das Leben angenehm zu machen. Sie berühren die Natur der Unbeständigkeit, wenn Sie eine Blume, eine Wolke, ein Lebewesen in tiefer Weise betrachten. Wie wichtig ist Unbeständigkeit? Ohne sie wäre nichts möglich. Beklagen Sie Unbeständigkeit also nicht. Wären Dinge nicht unbeständig, wie könnte dann aus einem Getreidekorn eine Pflanze werden? Wie könnte Ihr Kind heranwachsen? Unbeständigkeit ist die Basis des Lebens. Doch obwohl

Sie tagtäglich mit der Natur der Unbeständigkeit leben, leugnen Sie diese. Üben Sie sich darin, die Dinge in tiefer Weise zu betrachten, können Sie die Natur der Unbeständigkeit entdecken und sie zu einer lebendigen Einsicht werden lassen, die in jeder Minute Ihres Lebens in Ihnen gegenwärtig ist.

Übung

Starke Emotionen I

Sie haben die Fähigkeit, mit Traurigkeit, Wut oder Enttäuschung umzugehen, wenn sie in Ihnen hochkommen. Denn Ihre Wut und Enttäuschung sind ein Teil von Ihnen, gegen den Sie nicht ankämpfen, den Sie nicht unterdrücken sollten, denn sonst würden Sie gegen sich selbst Gewalt ausüben. Stattdessen sollten Sie immer dann, wenn ein Sturm heftiger Emotionen aufzieht, ruhig, mit aufrechtem Rücken dasitzen und zu Ihrem Atem zurückkehren, zu Ihrem Körper und alle Sinnesfenster schließen.

Sie haben sechs Sinne: Augen, Ohren, Nase, Zunge, Körper und Geist. Schauen Sie nicht mehr nach dem, hören Sie nicht mehr auf das, denken Sie nicht mehr über das, was Sie für die Ursache Ihres Leidens halten: den einen Satz, einen Brief, die eine Handlung oder die eine Neuigkeit. Kehren Sie zu sich selbst zurück, halten Sie sich an Ihrem Atem fest und folgen Sie ihm, halten Sie sich an Ihrem Einatem und Ausatem fest, so wie ein Schiffskapitän das Steuerrad fest in Händen hält, wenn das Schiff durch die Meereswellen hin- und hergeschleudert wird. Achtsames Atmen ist der Anker, das Steuerrad und der Mast.

Atmen Sie tief ein und aus und schenken Sie der Ein- und Ausatmung Ihre volle Aufmerksamkeit. Richten Sie die Aufmerksamkeit auf den unteren Bauchraum und sehen Sie, wie der Bauch sich beim Einatmen zusammenzieht und beim Ausatmen ausdehnt. Halten Sie die Aufmerksamkeit in diesem Bereich des Körpers, lassen Sie sie nicht zum Kopf wandern. Hören Sie auf zu denken, folgen Sie stattdessen dem Atem. Erinnern Sie sich: „Ich bin schon durch viele Stürme hindurchgegangen. Jeder Sturm zieht vorbei; es gibt keinen, der für immer bleibt. Auch diese Bedingung des Geistes wird vorbeigehen. Alles ist unbeständig. Das Unwetter ist nur ein Unwetter. Wir sind nicht nur ein Sturm. Wir können inmitten des Sturms Sicherheit finden. Wir lassen nicht zu, dass das Unwetter uns Schaden zufügt." Wenn Sie es so sehen, sich in dieser Weise erinnern können, dann beginnen Sie bereits, Souveränität zu erlangen, und sind nicht länger Opfer des emotionalen Unwetters.

Schauen wir während eines Unwetters auf die Krone eines Baumes, wie sie hin- und hergeschleudert wird, haben wir leicht das Gefühl, der Baum könne jeden Moment weggeweht werden. Doch schauen wir uns den Stamm an und die Basis des Baums, erkennen wir, wie viele seiner Wurzeln tief in die Erde hineinreichen. Wir sind erleichtert, wir wissen, der Baum wird nicht umfallen, er wird stehen bleiben. *Dan tien* ist das chinesische und altvietnamesische Wort für den Energiepunkt direkt unterhalb des Nabels. Er ist die Wurzel des Baums. Bleiben Sie mit der Aufmerksamkeit beim unteren Teil des Bauches und lassen Sie sich nicht durch Denken, Sehen, Hören zur Baumkrone ziehen. Atmen Sie auf diese Weise für fünf, zehn oder fünfzehn Minuten und halten Sie Ihren Geist nur auf den Atem und den unteren Bauch ausgerichtet und lassen Sie Ihre Gefühle vorbeiziehen. Wenn das emotionale Unwetter vorbeizieht, wissen Sie, dass Sie sich schützen können, dass Sie imstande sind, mit diesem emotionalen Sturm umzugehen. Sie haben Vertrauen zu sich selbst und Sie haben keine Angst mehr. Sie wissen, wie Sie sich jedes Mal, wenn ein solches Unwetter aufzieht, schützen können, und dieses Wissen schenkt Ihnen Frieden.

Übung

Starke Emotionen II

Durchleben Sie eine schwierige Zeit im Leben, dann müssen Sie Ihre Gefühle des Glücks stärken, bevor Sie sich an die Herausforderungen machen. Es mag Ihnen scheinen, als wäre das Gegenteil wahr; doch wir legen das Fundament, um uns dem Schmerz zuwenden zu können, indem wir uns zunächst mit Glück nähren. Die folgende Meditation kann Ihnen dabei helfen.

Setzen Sie sich still an einen ruhigen Ort und richten Sie Ihre Aufmerksamkeit auf den Atem. Nutzen Sie die erste der folgenden Meditationen, um ein Gefühl innerer Freude zu schaffen. Die zweite Meditation wird Ihnen den Mut geben, sich Ihrem Schmerz zuzuwenden.

1.
Einatmend bin ich des Gefühls der Freude in mir gewahr.
Ausatmend lächle ich dem Gefühl der Freude in mir zu.

Einatmend bin ich des Gefühls des Glücks in mir gewahr.
Ausatmend lächle ich dem Gefühl des Glücks in mir zu.

2.
Einatmend bin ich des schmerzvollen Gefühls in mir gewahr.
Ausatmend löse ich die Spannungen dieses schmerzvollen Gefühls in mir.

Licht schenken

Einem anderen Menschen Licht zu schenken bedeutet, die eigene Beobachtungsgabe und Einsicht zu nutzen, um einem anderen bezüglich seiner Stärken und Schwächen in der spirituellen Übung Rat zu geben und ihm Übungswege vorzuschlagen, aus denen er für sich Nutzen ziehen kann. Diese sehr wichtige Praxis funktioniert am besten, wenn es zwischen den Beteiligten tief greifende Beziehungen und starke Verbindungen gibt und sie regelmäßig praktizieren.

Übung

Ein Mitglied der Gemeinschaft bittet die Sangha, ihm oder ihr Licht zu schenken, um mehr Klarheit über die eigenen Stärken und Schwächen und die Qualität der eigenen Praxis gewinnen zu können. Für beide Seiten ist dies eine sehr tief greifende Übung. Sie erfordert tiefes Schauen. Wir müssen unseren Bruder und unsere Schwester eingehend betrachten und mit dem in Berührung kommen, was wir an seiner oder ihrer Praxis wirklich wertschätzen. Unsere einzige Motivation sollte der Wunsch zu helfen sein, entstanden aus Liebe und Mitgefühl für die andere Person.

Diese legt ihre Handflächen zusammen und bittet die Gemeinschaft, ihr Licht zu schenken: „Liebe Gemeinschaft, bitte sprecht von meinen Stärken und Schwächen und zeigt mir die Art von Übungen, durch die ich meine Praxis verbessern kann.“ Und dann wird sie über ihre Praxis während der vergangenen Monate sprechen. „Liebe Gemeinschaft, ich habe diese Schwächen, diese Gewohnheitsenergien. Ich habe versucht, mir ihrer mehr bewusst zu werden und habe folgende

Methoden ausprobiert, um meine Gewohnheitsenergien zu überwinden und zu verwandeln ... Ich war mit diesen Methoden erfolgreich, doch war ich nicht sehr erfolgreich darin, dieses oder jenes zu transformieren." Die Person wird der Gemeinschaft erzählen, wie sie sich selbst sieht.

Dann werden alle Sangha-Mitglieder der Reihe nach ihr und der Gemeinschaft sagen, was sie über sie wissen. Alle hören zu, auch die Person, welche die Sangha bat, sie zu beleuchten.

Diese Übung führen wir nur dann durch, wenn wir für mindestens drei Monate zusammengelebt haben; sie ist sehr wirkungsvoll, wenn die Menschen sich noch länger kennen. Zunächst begießen wir die Blumen in dem Menschen, dem wir Licht schenken. Wir sprechen über seine Stärken, seine Gutheit und positiven Seiten, um diesen Aspekten zum Wachstum zu verhelfen. Und dann sprechen wir über die Dinge, die verbessert werden könnten, seine Schwächen. Das geschieht stets aus Liebe, Weisheit und Mitgefühl. Weil wir uns dabei in liebevollem Sprechen üben, verletzt das den anderen nicht. Schließlich schlagen wir ihm Übungen vor, mit deren Hilfe er sein Temperament oder anderes verfeinern kann. Unseren Vorschlag sollten wir eigenen Erfahrungen entnehmen. Wir schlagen sehr konkrete Dinge vor, die uns in unserer Praxis geholfen haben, durch die wir Schwierigkeiten haben überwinden können und die uns transformiert haben. Was wir sagen, sollte sehr nah an der Wahrheit sein und diesem Menschen helfen, sich selbst klarer zu sehen und unsere Vorschläge zu übernehmen, um seine Praxis zu verbessern. Wir kritisieren den anderen nicht, vielmehr unterstützen wir ihn und teilen mit ihm Pfad und Praxis.

Es ist wichtig, dass jemand während dieser Sitzung Protokoll führt und alles aufschreibt, was gesagt wurde. Ein anderer wird aus diesen Aufzeichnungen einen Brief zusammenstellen, genannt der „Brief des (geschenkten) Lichts". Dieser Brief umfasst mindestens drei Teile. Der erste Teil umfasst die positiven Punkte, die Stärken und guten Eigenschaften der Person. Der zweite Teil behandelt die noch vorhandenen Schwächen. Und der dritte Teil des Briefes beinhaltet die Vorschläge, wie diese Person ihre Praxis und Lebensqualität verbessern kann. Diese Arbeit des Lichtschenkens beinhaltet sehr viel Liebe.

Am Anfang sind wir vielleicht noch sehr zögerlich. Wir haben vielleicht Angst, dass andere über unsere Schwächen reden werden, das klingt für uns unangenehm. Doch möglicherweise finden wir schon bald heraus, dass wir es mögen. Wir lernen so viel dabei, wir verstehen uns nach einer Sitzung, in der wir uns und unsere Praxis wechselseitig beleuchten, sehr viel besser.

Bei solchen Sitzungen lernen wir sehr viel. Jeder hat seine eigene Sicht. Wir verbinden alle Einzel-Ansichten zu einer kollektiven Sicht und nennen diese die Augen der Sangha. Sangha-Augen sind immer sehr viel klarer und klüger als die individuellen Augen. Mit unseren individuellen Augen sehen wir vielleicht nicht sehr klar. Doch wenn dreißig, vierzig, fünfzig Menschen ihre Beobachtungen, ihre Sicht verbinden, dann wird uns das der Wahrheit näher bringen.

Einen Liebesbrief schreiben

Haben wir mit einem anderen Menschen Probleme, können wir uns für eine Weile zurückziehen und ihm einen Brief schreiben. Wir können diesen Brief an jemanden schreiben, den wir täglich sehen, oder an jemanden, den wir jahrelang nicht gesehen haben, was aber ebenso wirkungsvoll sein kann. Viele Menschen haben Briefe auch an Familienangehörige geschrieben, die gar nicht mehr lebten, und empfanden das als sehr hilfreich. Versöhnungsarbeit dieser Art ist ein großes Geschenk, das wir uns, den uns Nahestehenden und unseren Vorfahren machen können. Wir versöhnen uns mit unserer Mutter und unserem Vater in uns, und wir finden vielleicht einen guten Weg, um uns auch mit unserer Mutter und unserem Vater außerhalb von uns zu versöhnen. Es ist nie zu spät, Heilung und Frieden in unsere leibliche Verwandtschaft zu bringen.

Übung

Nehmen Sie sich mindestens drei Stunden Zeit für einen Brief in liebevoller Sprache. Schauen Sie während des Schreibens tief in die Natur ihrer Beziehung hinein. Warum ist die Verständigung so schwierig geworden? Warum ist Glück nicht möglich gewesen? Sie mögen vielleicht wie folgt beginnen:

> Mein lieber Sohn,
> ich weiß, dass Du während der vergangenen Jahre sehr viel hast leiden müssen. Ich war nicht in der Lage, Dir zu helfen – tatsächlich habe ich die Situation sogar ver-

schlimmert. Es ist nicht meine Absicht, Dir Leid zuzufügen, mein Sohn. Vielleicht bin ich nicht umsichtig und geschickt genug. Vielleicht versuche ich einfach, meine Vorstellungen auf Dich zu übertragen – und darunter leidest Du. In der Vergangenheit dachte ich, dass ich durch Dich leide – dass Du mein Leiden verursacht hast. Jetzt erkenne ich, dass ich für mein Leiden selbst verantwortlich gewesen bin und dass Du durch mich leidest. Als Vater möchte ich nicht, dass Du leidest. Bitte hilf mir. Bitte erzähle mir von meiner mangelnden Umsicht, meiner Ungeschicklichkeit in der Vergangenheit, so dass ich Dir nicht weiterhin Leiden bereite, denn wenn Du leidest, leide ich auch. Ich brauche, lieber Sohn, Deine Hilfe. Wir sollten glücklich miteinander sein, Vater und Sohn. Ich bin entschlossen, meinen Teil dazu beizutragen. Bitte lass mich wissen, was in Dir vorgeht. Ich verspreche Dir, mein Bestes zu tun, um fortan nicht mehr Dinge zu sagen oder zu tun, unter denen Du leiden musst. Du musst mir dabei helfen, sonst kann ich das nicht. Ich kann es nicht allein. In der Vergangenheit neigte ich dazu, Dich jedes Mal, wenn ich litt, zu bestrafen, und habe etwas gesagt oder getan, das Dir Leiden verursacht hat. Ich dachte, auf diese Weise fände ich Erleichterung, aber ich habe mich geirrt. Ich erkenne jetzt, dass alles, was ich gesagt oder getan habe, das leidvoll für Dich war, auch mich hat leiden lassen. Ich bin entschlossen, das nicht mehr zu tun. Bitte hilf mir dabei.

Sie werden sehen, dass die Person, die einen solchen Brief schreibt, am Ende nicht mehr die ist, die ihn begann. Frieden, Verstehen und Mitgefühl haben Sie gewandelt. In nur vierundzwanzig Stunden kann ein Wunder geschehen. Das ist die Übung des liebevollen Sprechens.

Weitere Übungen

Alleinsein

Der Buddha war von Tausenden von Mönchen und Nonnen umgeben. Er ging, er aß inmitten der Mönche und Nonnen, doch immer verweilte er in Stille. Es gibt ein buddhistisches Sutra, genannt *Das Sutra vom besseren Weg, allein zu leben.* Allein leben bedeutet nicht, dass niemand um uns ist. Allein leben bedeutet, dass wir fest im Hier und Jetzt gegründet sind und wir all dessen gewahr sind, was im gegenwärtigen Moment geschieht. Wir nutzen die Achtsamkeit, um uns jedes Gefühls bewusst zu werden, jeder Wahrnehmung innerer und äußerer Vorgänge, und wir sind die ganze Zeit bei uns und verlieren uns nicht. Das ist die ideale Weise, ein Leben der Zurückgezogenheit zu leben. Die Definition des Buddha von der idealen Praxis der Zurückgezogenheit lautet: nicht in der Vergangenheit gefangen sein, nicht in die Zukunft gezogen oder von Menschenansammlungen mitgerissen werden, sondern stets gegenwärtig sein, Körper und Geist vereint, dessen gewahr, was im gegenwärtigen Moment geschieht.

Ohne die Fähigkeit zum Alleinsein werden wir ärmer und ärmer. Wir haben nicht genügend von dem, was uns selbst nährt, und wir haben anderen nicht viel zu bieten. Es ist sehr wichtig, in Zurückgezogenheit leben zu können. Jeden Tag sollten wir für eine Weile physisch allein sein, dann ist es einfacher für uns, uns selbst zu nähren und auf tiefe Weise zu schauen.

Mit Zurückgezogenheit ist nicht gemeint, allein hoch in den Bergen oder in einer Hütte tief im Wald zu sein. Es geht nicht darum, uns vor der Zivilisation zu verstecken. Wahre Zurückgezogenheit entspringt einem gefestigten Herzen, das sich nicht von Menschenmengen oder unserem Kummer über die Vergangenheit, unseren Sorgen über die Zukunft oder unserer Aufregung über die Gegenwart aus der Bahn werfen lässt. Wir verlieren uns nicht. Wir verlieren nicht unsere Achtsamkeit. Wir nehmen Zuflucht zum achtsamen Atmen, um in den gegenwärtigen Moment zurückzukehren, und das bedeutet, wir nehmen Zuflucht zu der schönen, ruhigen Insel in uns.

Das bedeutet nicht, es sei unmöglich, Alleinsein und tiefes Schauen inmitten einer Menschenmenge zu üben. Es ist möglich. Selbst wenn wir auf einem Marktplatz sind, können wir allein sein und uns nicht von dem Gedränge wegziehen lassen. Wir sind noch immer wir selbst. Wir sind noch immer wir selbst, selbst wenn wir einer Diskussionsrunde mit kollektiven Emotionen beiwohnen. Wir verweilen sicher und allein auf unserer eigenen Insel.

Übung

Der erste Schritt besteht darin, physisch allein zu sein. Der zweite Schritt liegt darin, man selbst zu sein und in Zurückgezogenheit zu leben, und zwar auch dann, wenn man in einer Gruppe ist. In Zurückgezogenheit leben bedeutet nicht, sich von anderen abzusondern. Weil Sie in Zurückgezogenheit sind, können Sie in Verbindung, in Gemeinschaft mit der Welt sein. Ich fühle mich mit Ihnen verbunden, weil ich vollkommen ich selbst bin. So einfach ist das. Um in Beziehung zur Welt zu sein, müssen Sie zunächst einen Schritt zurücktreten und eine Beziehung zu sich selbst herstellen.

Sitzen Sie mit anderen, gehen Sie mit anderen, essen und arbeiten Sie gemeinsam mit anderen, doch kehren Sie immer wieder auch zu Ihrer eigenen Insel zurück. Genießen Sie es, zusammen mit Ihrer Familie, mit Freundinnen und Freunden zu sein, doch verfangen und verlieren Sie sich nicht in den Emotionen und Wahrnehmungen der Gruppe. Ihre Gemeinschaft, Ihre Sangha, ist Ihre Unterstützung. Sehen Sie, wie jemand in Ihrer Gemeinschaft achtsam handelt, mit Liebe spricht und sich an seiner Arbeit erfreut, dann ist dies für Sie eine Erinnerung, zu Ihrer eigenen Quelle der Achtsamkeit und des Alleinseins zurückzukehren.

Wenn Sie Ihre Zeit mit den Sie umgebenden Menschen, mit Freundinnen und Freunden genießen und Sie sich nicht in den Interaktionen mit ihnen verloren fühlen, dann können Sie inmitten der Gesellschaft lächeln und in Frieden atmen und dabei auf der Insel Ihrer selbst verweilen.

Stille

Stille kommt aus unserem eigenen Herzen und nicht von außerhalb. Sind wir wahrhaft still, können wir die Stille genießen, egal in welcher Situation wir sind. Stille bedeutet nicht nur, dass wir nicht sprechen oder laute Dinge tun. Stille bedeutet, dass wir innerlich nicht von etwas gestört werden, dass es kein inneres Gerede gibt. Es gibt Augenblicke, in denen wir meinen, still zu sein und dass um uns herum Stille herrsche, doch in unserem Kopf plappert es unaufhörlich. Das ist keine Stille.

Die Übung besteht nicht darin, Stille außerhalb unserer Aktivitäten zu schaffen, sondern in ihnen. Wir können Stille genießen, wenn wir zum Beispiel gemeinsam mit der Sangha oder Familie essen. Sitz- und Gehmeditation sind Gelegenheiten zur Stille, wie auch einem Dharmavortrag zu lauschen oder einem buddhistischen Lehrer, der über die Lehren des Buddha spricht. Sind wir innerlich still, kann das Gewahrsein zum Grund unserer Seele vordringen.

Übung

Bei Retreats in den Praxiszentren unserer Tradition beginnt eine Zeit tiefer Stille am Ende der abendlichen Sitzmeditation und sie dauert bis nach dem Frühstück am nächsten Morgen. Lassen Sie die Stille und Ruhe Sie gänzlich durchdringen. Lassen Sie die Energie der Gemeinschaft und ihrer Achtsamkeit Ihren Körper und Ihren Geist durchdringen. Gehen Sie am Abend langsam zu Ihrem Schlafplatz, jedes Schrittes gewahr. Atmen Sie tief und erfreuen Sie sich an der Stille und Frische. Bewahren Sie Ihr Schweigen, auch wenn jemand neben Ihnen geht, auch sie braucht Ihre Unterstützung. Sie können draußen noch eine Weile mit den Bäumen und Sternen allein sein und dann ins Haus zurückgehen, das Bad benutzen, Ihre Kleidung wechseln und dann sofort zu Bett gehen.

Auf dem Bett liegend können Sie Tiefenentspannung praktizieren, bis Sie einschlafen. Gehen Sie am Morgen achtsam und still ins Bad, nehmen Sie sich die Zeit, bewusst zu atmen, und gehen Sie dann direkt in die Meditationshalle. Sie brauchen nicht auf die anderen zu warten. Wenn Ihnen jemand begegnet, legen Sie einfach nur die Handflächen zusammen und verbeugen sich und lassen Sie den anderen den Morgen so genießen, wie Sie es tun.

Der Mußetag

Viele von uns sind hoffnungslos verplant, selbst unsere Kinder sind es oft schon. Wir glauben, Beschäftigtsein werde uns retten, doch unsere fortwährende Geschäftigkeit ist einer der Gründe für Stress und Depression. Wir haben uns selbst zu sehr zur Arbeit angetrieben und wir haben unsere Kinder angetrieben, zu viel zu arbeiten. Das ist keine Zivilisation. Wir müssen das für uns verändern.

Ein Mußetag ist für uns ein Tag ohne geplante Aktivitäten. Wir lassen den Tag sich einfach entfalten, zeitlos. Wir machen vielleicht allein oder mit einer Freundin eine Gehmeditation oder wir meditieren im Wald. Wir lesen vielleicht oder schreiben an unsere Familie oder einen Freund.

An diesem Tag können wir auch unsere Praxis oder unsere Beziehungen zu anderen in tieferer Weise betrachten. Daraus können wir viel lernen. Wir erkennen möglicherweise, was wir tun oder unterlassen sollten, um unsere Praxis harmonischer zu gestalten. Manchmal treiben wir uns vielleicht in unserer Übung zu sehr an und schaffen damit Disharmonie in uns und unserem Umfeld. Dieser Tag gibt uns die Chance, uns besser ins Gleichgewicht zu bringen. Vielleicht erkennen wir, dass wir uns einfach mehr ausruhen müssen oder dass wir gewissenhafter praktizieren sollten. Es ist für alle ein sehr ruhiger Tag.

Wenn wir nichts zu tun haben, fühlen wir uns schnell gelangweilt und suchen nach Unterhaltung. Wir haben Angst davor, da zu sein und nichts zu tun zu haben. Am Mußetag ist uns als Übung verordnet, keine Angst vor dem Nichtstun zu haben. Sonst haben wir kein Mittel, unserem Stress und unserer Depression zu begegnen. Die Spannung, der Stress, die Depression können sich nur dann auflösen, wenn wir uns langweilen und gewahr werden, dass wir Unterhaltung suchen, um unsere Gefühle der Einsamkeit und Wertlosigkeit zu verbergen. Wir können unser tägliches Leben so ausrichten, dass es uns Gelegenheiten gibt zu lernen, Frieden zu sein, Freude zu sein, liebend und mitfühlend zu sein.

Übung

Ein Mußetag ist kein Tag, an dem Sie einfach machen können, was Sie wollen. An den meisten Tagen tun Sie vieles für andere, und es gibt sicher Dinge, die Sie gern für sich selbst tun würden. Doch nicht an einem Mußetag! An einem Mußetag unterlassen Sie es, etwas zu tun. Sie widerstehen dem Drang, Dinge zu tun. Weil Sie so daran gewöhnt sind, immer etwas zu tun, ist das zu einer schlechten Gewohnheit geworden. Der Mußetag ist eine drastische Maßnahme gegen diese Art der Gewohnheitsenergie.

An Mußetagen tun Sie Ihr Bestes, davon abzulassen, etwas zu tun. Versuchen Sie, nichts zu tun. Das ist sehr schwer. Das ist schwer, doch Sie können so eine neue Seinsweise erlernen. Sie glauben, wenn Sie nichts täten, würden Sie Ihre Zeit vergeuden. Das ist nicht wahr. Ihre Zeit ist vor allem dazu da, dass Sie sind: lebendig, friedvoll, freudvoll und liebevoll. Die Welt braucht freudvolle, liebvolle Menschen, die imstande sind, einfach zu sein, ohne etwas zu tun. Wenn Sie die Kunst, friedlich und gefestigt zu sein, kennen, dann haben Sie eine Basis und Grundlage für jedes Handeln. Die Grundlage des Handelns ist zu sein, und die Qualität unseres Seins bestimmt die Qualität unseres Tuns. Und Tun muss im Nicht-Tun gründen. Wir sagen üblicherweise: „Sitz nicht nur so rum. Tu was." Doch sollten wir diese Aussage umkehren und sagen: „Tu nicht nur etwas. Sitz", um so zu sein, dass Frieden, Verstehen und Mitgefühl möglich sind.

Einem Dharmavortrag zuhören

Die Lehren des Buddha werden Dharma genannt. Wenn Sie in einem Praxiszentrum an einem Retreat teilnehmen oder zu einer Meditationsgruppe in Ihrer Umgebung gehen, die von einem Dharmalehrer geleitet wird, dann werden Sie Gelegenheit haben, einen Dharmavortrag zu hören.

Übung

Treffen Sie rechtzeitig vor einem Vortrag ein, um noch genügend Zeit zu haben, sich einen Platz zu suchen und einen friedvollen Geisteszustand zu entfalten. Hören Sie dem Vortrag mit offenem Geist und empfänglichem Herzen zu. Wenn Sie nur mit dem Intellekt zuhören und das Gesagte mit dem vergleichen, was Sie bereits zu wissen glauben oder was Sie von anderen gehört haben, und es daran messen, dann verpassen Sie vermutlich die Gelegenheit, wahrhaft die übermittelte Botschaft zu empfangen.

Das Dharma ist wie Regen. Lassen Sie es tief in Ihr Bewusstsein einsinken und die Samen der Weisheit und des Mitgefühls wässern, die bereits da sind. Nehmen Sie den Vortrag ganz offen in sich auf, wie die Erde, die einen frischen Frühlingsregen aufnimmt. Der Vortrag ist vielleicht gerade diejenige Bedingung, die unser Baum braucht, um zu erblühen und die Früchte des Verstehens und der Liebe zu tragen.

Aus Respekt vor den Lehren und der Lehrerin, dem Lehrer sollten Sie während des Vortrags auf einem Stuhl oder Kissen sitzen und nicht auf dem Boden liegen. Spüren Sie während des Vortrags Müdigkeit, dann wechseln Sie achtsam Ihre Position, atmen Sie lang und tief und massieren Sie dabei die müden Bereiche Ihres Körpers, um Ihnen mehr Sauerstoff zu geben.

Reden Sie während des Vortrags nicht oder machen Sie keine anderen störenden Geräusche. Ist es absolut notwendig, dass Sie während des Vortrags den Raum verlassen, so tun Sie das mit einem Minimum an Störung für andere.

Dharmagesprächsrunde

Dharmagesprächsrunden sind eine Gelegenheit, von den Einsichten und Erfahrungen anderer zu profitieren. Es ist für uns eine besondere Zeit, unsere Erfahrungen, unsere Freuden, Schwierigkeiten und Fragen in Bezug auf die Achtsamkeitspraxis miteinander zu teilen. Indem wir tiefes Zuhören praktizieren, während andere sprechen, schaffen wir ein ruhiges, aufgeschlossenes, aufnahmebereites Umfeld. Indem wir lernen, über unser Glück und unsere Schwierigkeiten mit der Praxis zu sprechen, tragen wir zur kollektiven Einsicht, dem kollektiven Verstehen der Gruppe bei.

Übung

Lassen Sie das, was Sie anderen mitteilen möchten, auf Ihren eigenen Erfahrungen mit der Praxis gegründet sein, statt auf abstrakten Ideen und theoretischem Wissen. Viele von uns haben ganz ähnliche Schwierigkeiten, Erwartungen und Bestrebungen. Wir sitzen miteinander, hören einander zu, teilen uns den anderen mit und erkennen so unsere wahre Verbundenheit miteinander. Jeweils spricht eine Person über ihre Erfahrungen. Während sie spricht, folgen die anderen ihrem Atem und hören aufs Tiefste zu, ohne zu urteilen, ohne zu reagieren, ohne dazwischenzureden oder Ratschläge zu erteilen.

Denken Sie daran, dass das während einer Dharmagesprächsrunde Mitgeteilte vertraulich ist. Spricht eine Freundin über ihre Schwierigkeiten, so sollten Sie respektieren, dass sie vielleicht außerhalb dieser Dharmagesprächsrunde nicht darüber sprechen möchte.

Wir sprechen über das Dharma in der letztendlichen Dimension,
schauen einander an und lächeln.
Du bist ich, siehst Du das nicht?
Sprechend und zuhörend sind wir eins.

Die Erde berühren

Die Übung der Erdberührung, auch als Tiefe Verbeugung oder Niederwerfung bekannt, hilft uns, zur Erde und unseren Wurzeln zurückzukehren und zu erkennen, dass wir nicht allein, sondern verbunden sind mit einem ganzen Strom an spirituellen und leiblichen Vorfahren. Wir berühren die Erde, um die Vorstellung loszulassen, dass wir getrennt sind, und um uns daran zu erinnern, dass wir Erde sind und ein Teil des Lebens.

Wenn wir die Erde berühren, werden wir klein, bescheiden und einfach wie ein kleines Kind. Wenn wir die Erde berühren, werden wir groß wie ein alter Baum, dessen Wurzeln tief in die Erde hineinreichen und aus der Quelle allen Wassers trinken. Wenn wir die Erde berühren, atmen wir alle Stärke und Stabilität der Erde ein und wir atmen unser Leiden aus – unsere Gefühle der Wut, des Hasses, der Angst, der Unzulänglichkeit und der Trauer.

Übung

Zu Beginn legen Sie die Handflächen in Brusthöhe zu einer Lotosblüte zusammen. Dann lassen Sie sich langsam und vorsichtig auf den Boden nieder, so dass Ihre Schienbeine, Unterarme und die Stirn bequem auf dem Boden ruhen. Während Sie die Erde berühren, drehen Sie Ihre neben dem Kopf auf der Erde ruhenden Handflächen um, um Ihre Offenheit für die Drei Juwelen – für Buddha, Dharma und Sangha – zu zeigen. Atmen Sie alle Stärke und Stabilität der Erde ein und atmen Sie aus, um alles Festhalten an Leiden, gleich welcher Art, zu lösen. Bereits nach ein oder zwei

Malen Erdberührungspraxis können Sie schon viel von Ihrem Leiden und dem Gefühl der Entfremdung auflösen und sich mit Ihren Vorfahren, Eltern, Kindern, Freunden und Freundinnen versöhnen.

Es ist hilfreich die Erdberührungen mit Ihrer Sangha zusammen durchzuführen. Dann kann einer der Teilnehmenden Glockenmeister sein und die Glocke zwischen den Niederwerfungen einladen. Er kann dann auch die Fünf Erdberührungen laut vorlesen, während die anderen sich niederwerfen. Praktizieren Sie die Fünf Erdberührungen allein, dann können Sie den Text vorher selbst sprechen und dabei aufzeichnen und ihn dann abspielen oder ihn aus dem Gedächtnis heraus für sich rezitieren.

Die Fünf Erdberührungen

In Dankbarkeit verbeuge ich mich vor allen Generationen meiner Vorfahren der leiblichen Familie.

Ich sehe meine Mutter und meinen Vater, deren Blut und deren Lebensenergie durch meine Adern zirkulieren und jede meiner Zellen nähren. Durch sie erkenne ich meine vier Großeltern. In mir trage ich das Leben, das Blut, die Erfahrung, die Weisheit, das Glück und die Sorgen und Nöte aller Generationen. Ich öffne mein Herz und meinen ganzen Körper, um die Energie der Einsicht, Liebe und Erfahrung, die mir von all meinen Vorfahren übertragen wurde, zu empfangen. Ich weiß, dass Eltern ihre Kinder und Enkelkinder immer lieben und unterstützen, obgleich sie, aufgrund der Schwierigkeiten, denen sie selbst ausgesetzt waren, nicht immer in der Lage sein mögen, das auf geschickte Weise zum Ausdruck zu bringen. Als Fortführung meiner Vorfahren verbeuge ich mich tief und lasse ihre Energie mich durchströmen. Ich bitte meine Vorfahren um ihre Unterstützung, ihren Schutz und ihre Stärke.

In Dankbarkeit verbeuge ich mich vor allen Generationen meiner spirituellen Familie.

Ich erkenne meine Lehrerinnen und meine Lehrer in mir – die, die mir den Weg der Liebe und des Verstehens gewiesen haben, mir gezeigt haben, wie man atmet, lächelt, vergibt und tief im gegenwärtigen Moment lebt. Ich öffne mein Herz und meinen Körper, um die Energie des Verstehens und der liebenden Güte zu empfangen, den Schutz der Erwachten, ihrer Lehren und den der praktizierenden Gemeinschaften so vieler Generationen. Ich bin ihre Fortführung. Ich bitte diese spirituellen Vorfahren, mir ihre unbegrenzte Quelle der Energie, des Friedens, der Stabilität, des Verstehens und der Liebe zu übertragen. Ich gelobe, das Leiden in mir und in der Welt zu transformieren und ihre Energie an zukünftige Generationen zu übertragen.

In Dankbarkeit verbeuge ich mich vor diesem Land und allen Vorfahren, die es aufgebaut haben.

Ich sehe, dass ich ganz bin, beschützt und genährt von diesem Land und allen Lebewesen, die hier lebten und durch all ihre Anstrengungen das Leben für mich einfach und möglich gemacht haben. Ich sehe mich all die Menschen berühren, die wussten, wie sie in Frieden und Harmonie mit der Natur leben und die Berge, Wälder, Tiere, die Vegetation und Mineralien dieses Landes schützen konnten. Ich spüre, wie die Energie dieses Landes meinen Körper und meine Seele durchdringt, mich unterstützt und akzeptiert. Ich gelobe, meinen Teil dazu beizutragen, die Gewalt, den Hass und die Verblendung zu verwandeln, die noch immer tief im kollektiven Bewusstsein dieser Gesellschaft liegen, damit künftige Generationen mehr Sicherheit, Freude und Frieden erfahren werden. Ich bitte dieses Land um seinen Schutz und seine Unterstützung.

In Dankbarkeit und Mitgefühl verbeuge ich mich und übertrage meine Energie denen, die ich liebe.

Alle Energie, die ich empfangen habe, möchte ich jetzt an meinen Vater, meine Mutter, an alle, die ich liebe, übertragen, an alle, die wegen mir und um meines Wohles willen leiden und sich sorgen mussten. Ich möchte, dass sie alle gesund und voller Freude sind. Ich bete, dass alle Vorfahren meiner spirituellen und leiblichen Familie ihre Energien auf sie ausrichten, um sie zu schützen und zu unterstützen. Ich weiß, ich bin nicht getrennt von ihnen, ich bin eins mit denen, die ich liebe.

In Dankbarkeit und Mitgefühl verbeuge ich mich und versöhne mich mit allen, durch die ich Leid erfuhr.

Ich öffne mein Herz und sende meine Energie der Liebe und des Verstehens an alle, durch die ich Leiden erfuhr, an alle, die mein Leben in großem Ausmaß zerstört haben, sowie das Leben derer, die ich liebe. Ich weiß, dass diese Menschen selbst sehr viel Leiden erfahren haben und dass ihre Herzen übervoll mit Schmerz, Wut und Hass sind. Ich bete, dass sie verwandelt werden und Lebensfreude erfahren, so dass sie sich und anderen nicht weiter Leiden zufügen. Ich erkenne ihr Leiden und will keinerlei Gefühle des Hasses oder des Zorns mehr gegen sie in mir hegen. Ich möchte nicht, dass sie leiden. Ich leite meine Energie der Liebe und des Verstehens an sie und bitte all meine Vorfahren, ihnen zu helfen.

Reisen und nach Hause zurückkehren

Heutzutage sind wir oft sehr viel unterwegs. Auch wenn wir Urlaub machen oder in ein Praxiszentrum oder an einen anderen Ort gehen, um uns auszuruhen, planen wir oft schon unsere Tagesausflüge und Fluchtmöglichkeiten. In Plum Village fahren wir so selten wie möglich in die Stadt. Unsere Zeit, die wir im Praxiszentrum verbringen, ist uns sehr kostbar. Es gibt an diesem Ort so viele nährende Elemente des Friedens und des Glücks, wunderschöne Bäume und Wälder, Vögel, unsere Brüder und Schwestern, die aus allen Gesellschaftsschichten kommen und hier praktizieren. Das Kostbarste ist die kollektive Energie der Gemeinschaft, der Sangha. Unsere Zeit widmen wir der Übung.

Manchmal sind Menschen, die einen Ort für sich gefunden haben, wo sie sich entspannen oder zuhause fühlen können, sehr traurig, wenn sie wieder gehen müssen. Doch es gibt kein Kommen und kein Gehen, denn wir sind immer bei ihnen und sie sind mit uns. Kehren diese Menschen nach Hause zurück, so sollten sie sich daran erinnern, zu ihrem Atem zurückkehren, wissend, dass die Freundinnen und Freunde in Plum Village und unser Sangha-Körper überall in der Welt ebenfalls atmen.

Übung

An Ihrem Abreise- oder Ausflugstag sollten Sie fünfzehn Minuten, bevor Sie aufbrechen, eine Glocke einladen. Geben Sie sich genügend Vorbereitungszeit, damit Sie nicht hetzen müssen. Begeben Sie sich dann zum Bus, Auto oder Van, damit Sie nicht zu spät kommen und die anderen auf Sie warten müssen. Gehen Sie achtsam und suchen Sie sich ein Auto mit einem freien Platz. Setzen Sie sich gerade hin und folgen Sie Ihrem Atem. Vielleicht möchten Sie die Umgebung näher betrachten. Lassen Sie sich nicht von Unterhaltungen wegtragen.

Setzen Sie die Übung fort, wenn Sie nach Hause zu Ihrer Familie, in die Gesellschaft zurückgekehrt sind. So wie Sie gelernt und erfahren haben, in Harmonie mit der Gemeinschaft in Plum Village zu leben, so können Sie auch in Ihrer Familie, in der Gesellschaft Harmonie kultivieren. So wie Sie gelernt haben, Ihre Freundinnen und Freunde in der Praxis zu verstehen und wertzuschätzen, so können Sie auch lernen, Ihre Kolleginnen und Kollegen und Ihre Nachbarn zu verstehen und wertzuschätzen. Sie können im Bus oder der U-Bahn liebevolles Sprechen praktizieren, so wie mit den Schwestern und Brüdern in Plum Village. Achtsamkeitspraxis findet überall statt, wo Sie sind.

Sie können immer und überall Zuflucht zum achtsamen Atmen, achtsamen Essen, zu liebevollem Sprechen, tiefem Zuhören und anderen wundervollen Übungen nehmen. Dann werden Sie sich sehr verbunden und nicht allein fühlen. Sie werden so groß wie die ganze Gemeinschaft, der ganze Sangha-Körper werden.

Liebende-Güte-Meditation (Metta-Meditation)

Lieben bedeutet zu allererst, sich so zu akzeptieren, wie man tatsächlich ist. Darum ist die erste Übung in der Liebenden-Güte-Meditation, sich selbst kennenzulernen. Dadurch sehen wir die Bedingungen, die uns zu dem gemacht haben, der wir sind. Und so können wir uns leichter annehmen in unserem Leiden wie auch in unserem Glück.

Eines Tages fragte König Prasenajit von Kosala seine Gattin Königin Mallika: „Meine liebe Frau, gibt es jemanden, der dich so liebt, wie du dich liebst?" Die Königin lachte und antwortete: „Mein lieber Ehemann, gibt es jemanden, der dich mehr liebt, als du dich liebst?" Am nächsten Tag berichteten sie dem Buddha von ihrem Gespräch und dieser sagte: „Ihr habt Recht. Es gibt im ganzen Universum niemanden, der oder die uns selbst so lieb und teuer ist, wie wir selbst es für uns sind. Der Geist mag in tausend Richtungen reisen, aber er wird niemanden finden, der mehr geliebt wird. In dem Moment, in dem Ihr seht, wie wichtig es ist, sich selbst zu lieben, werdet ihr aufhören, anderen Leiden zu bereiten."

Das Sanskrit-Wort für Liebende Güte ist *metta*. Wir beginnen diese Meditation mit einer Hoffnung und Bestrebung: „Möge ich ..." Dann betrachten wir in tiefer Weise alle positiven und negativen Eigenschaften unseres Meditationsobjektes, in diesem Fall uns selbst. Der Wille und die Bereitschaft zu lieben sind noch keine Liebe. Wir schauen ganz tief, mit ganzem Herzen, um zu verstehen. Wir wiederholen nicht einfach nur Worte oder ahmen andere nach oder streben einem Ideal nach. Liebende-Güte-Meditation ist keine Autosuggestion. Wir sagen nicht einfach nur: „Ich liebe mich selbst. Ich liebe alle Wesen." Wir betrachten in tiefer Weise unseren Körper, unsere Gefühle, unsere Wahrnehmungen, unsere Geisteszustände und unser Bewusstsein, und in nur wenigen Wochen wird unser Bestreben zu einem tiefen Vorsatz geworden sein. Liebe wird unsere Gedanken, Worte und Handlungen prägen, und wir werden bemerken, dass wir friedvoll, glücklich und leicht in Körper und Geist geworden sind, sicher und frei von Verletzungen und frei von Wut, Kummer, Angst und Sorgen.

In unserer Übung nehmen wir wahr, über wie viel Frieden, Glück und Leichtigkeit wir bereits verfügen. Wir erkennen, ob wir uns vor Missgeschicken und Unglücksfällen fürchten, und sehen, wie viel Wut, Kummer, Angst und Sorgen in uns sind. Werden wir dieser Gefühle in uns gewahr, dann werden wir uns besser und tiefer verstehen. Wir werden erkennen, wie unsere Ängste, unser Mangel an Frieden zu unserem Unglück beiträgt, und wir werden den Wert der Eigenliebe und eines mitfühlenden Herzens besser ermessen können.

In dieser Liebenden-Güte-Meditation beziehen sich „Wut, Kummer, Angst und Sorgen“ auf all unsere unheilsamen, negativen Geisteszustände, die uns unseres Friedens und unseres Glücks berauben. Wut, Angst, Unruhe, Gier, Neid und Ignoranz sind die großen Kümmernisse unserer Zeit. Durch eine achtsame Lebensführung werden wir imstande sein, mit ihnen anders umzugehen und unsere Liebe wird sich in wirkungsvollem Handeln ausdrücken.

Übung

Dies ist eine Liebende-Güte-Meditation, die auf dem *Visuddhimagga (Pfad der Reinigung)* von Buddhaghosa basiert, einem Gelehrten, der die buddhistischen Lehren im fünften Jahrhundert unserer Zeit systematisiert hat.

Möge ich friedvoll, glücklich und leicht in Körper und Geist sein.
Möge ich sicher und frei von Verletzung sein.
Möge ich frei von Wut, Kummer, Angst und Sorgen sein.

Möge ich lernen, mich selbst mit den Augen des Verstehens und der Liebe zu betrachten.
Möge ich imstande sein, die Samen der Freude und des Glücks in mir zu erkennen und zu berühren.
Möge ich lernen, die Ursachen von Wut, Begierde und Täuschung in mir zu identifizieren und zu erkennen.

Möge ich wissen, wie ich die Samen der Freude täglich in mir nähren kann.
Möge ich imstande sein, frisch, gefestigt und frei zu leben.
Möge ich frei von Anhaftung und Ablehnung sein, doch nicht gleichgültig.

Setzen Sie sich für diese Meditation still hin, beruhigen Sie Körper und Atmung und rezitieren Sie diese Verse. Die Sitzhaltung ist eine wundervolle Haltung, um diese Meditation zu praktizieren. Im stillen Sitzen sind Sie nicht mit anderen Dingen beschäftigt, so dass Sie sich so, wie Sie sind, anschauen können, Liebe für sich selbst kultivieren und die besten Möglichkeiten herausfinden können, diese Liebe in der Welt zum Ausdruck zu bringen.

Beginnen Sie bei der Liebenden-Güte-Meditation zunächst mit sich selbst („Ich"). Solange Sie sich nicht selbst lieben, sich selbst nicht fürsorglich begegnen, werden Sie anderen keine große Hilfe sein können. Beziehen Sie dann andere in Ihre Übung ein („Möge er/sie/, mögen sie friedvoll, glücklich und leicht in Körper und Geist sein.") – als Erstes jemanden, den oder die Sie mögen, dann jemanden, dem Sie neutral gegenüberstehen und schließlich jemanden, an den bloß zu denken für Sie schon leidvoll ist.

Dem Buddha zufolge besteht ein Mensch aus fünf Elementen, *Skandha* in Sanskrit. Diese Skandhas sind Form, Gefühle, Wahrnehmungen, Geistesformationen und Bewusstsein. In gewisser Weise sind Sie der Verwalter und diese Elemente sind Ihr Hoheitsgebiet. Um zu wissen, wie es tatsächlich in Ihnen aussieht, müssen Sie Ihr eigenes Hoheitsgebiet kennen, auch die Elemente, die im Krieg miteinander sind. Sie müssen sich selbst verstehen, damit sich Harmonie, Versöhnung und Heilung in Ihrem Inneren entwickeln können. In tiefer Weise zu schauen und zuzuhören, das eigene Gebiet zu inspizieren, das ist der Beginn der Liebenden-Güte-Meditation.

Schauen Sie als Erstes tief in das Skandha der Form hinein. Fragen Sie sich: Wie ist mein Körper gerade jetzt? Wie war er in der Vergangenheit? Wie wird er in Zukunft sein? Sie beginnen auch später, wenn Sie über jemanden meditieren, den Sie mögen, jemanden, der Sie neutral gegenüberstehen, jemanden, die Sie lieben, und jemanden, den Sie hassen, jeweils mit den körperlichen Aspekten. Sie atmen ein und aus, stellen sich das Gesicht des oder der anderen vor, seine Art zu gehen, zu sitzen und zu sprechen. Herz, Lunge, Niere und alle anderen Organe und nehmen sich dabei so viel Zeit, wie Sie brauchen, um sich diese Details zu vergegenwärtigen. Doch beginnen Sie immer mit sich selbst. Sehen Sie die eigenen fünf Skandhas klar und deutlich, werden Verstehen und Liebe ganz natürlich entstehen und Sie werden wissen, was Sie tun und was Sie nicht tun sollten.

Betrachten Sie Ihren Körper, um zu erkennen, ob er in Frieden ist oder an einer Krankheit leidet. Schauen Sie, wie es um Ihre Lunge, Ihr Herz, Ihren Darm, Ihre Niere und Ihre Leber bestellt ist, um die wirklichen Bedürfnisse Ihres Körpers zu erfahren. Dann werden Sie auf eine Weise essen, trinken und handeln, die Ihre Liebe und Ihr Mitgefühl für Ihren Körper zum Ausdruck bringt. Normalerweise folgen wir unseren tief verwurzelten Gewohnheiten. Doch durch tiefes Schauen können Sie erkennen, dass viele dieser Gewohnheiten Ihrem Körper und Geist schaden, und dann werden Sie daran arbeiten, Ihre Gewohnheiten in einer der Gesundheit und Vitalität zuträglicheren Weise zu verändern.

Nehmen Sie als Nächstes Ihre Gefühle wahr – ob sie nun angenehm, unangenehm oder neutral sind. Gefühle fließen in uns wie ein Strom, und jedes Gefühl ist ein Tropfen Wasser in diesem Strom. Betrachten Sie den Strom der Gefühle und sehen Sie, wie jedes Gefühl entsteht. Erkennen Sie, was Sie bisher davon abgehalten hat, glücklich zu sein, und tun Sie Ihr Möglichstes, diese Dinge zu verändern. Berühren Sie die wunderbaren, erfrischenden und heilsamen Elemente, die bereits in Ihnen und der Welt vorhanden sind. So werden Sie gestärkt und vermögen sich und andere besser zu lieben.

Meditieren Sie dann über Ihre Wahrnehmungen. Der Buddha beobachtete: „Die Person, die am meisten in der Welt leidet, ist die mit vielen falschen Wahrnehmungen, und die meisten unserer Wahrnehmungen sind falsch." Sie sehen im Dunkeln eine Schlange und geraten in Panik, doch wenn Ihre Freundin den Schein der Taschenlampe darauf richtet, sehen Sie, dass es sich nur um ein Seil handelt. Bitte schreiben Sie den Satz „Bist du sicher?" auf ein Stück Papier und befestigen Sie es an der Wand. Die Liebende-Güte-Meditation hilft Ihnen, mit Klarheit und Gelassenheit zu schauen und damit Ihre Wahrnehmungsweise zu verbessern.

Beobachten Sie dann Ihre Geistesformationen, Ihre Ideen und Tendenzen, die Sie so handeln und sprechen lassen, wie Sie es tun. Üben Sie sich in tiefem Schauen, um deren wahre Natur zu entdecken – wie Sie durch Ihr individuelles

Bewusstsein und ebenso durch das kollektive Bewusstsein Ihrer Familie, Ihrer Vorfahren und der Gesellschaft beeinflusst werden. Unheilsame geistige Formkräfte verursachen viel Unruhe, heilsame geistige Formkräfte bringen Liebe, Glück und Befreiung hervor.

Betrachten Sie schließlich Ihr Bewusstsein. Dem Buddhismus zufolge ist das Bewusstsein wie ein Feld mit jedem nur möglichen Samen darin, Samen der Liebe, des Mitgefühls, der Freude und des Gleichmuts, Samen der Wut, Angst und Sorge und Samen der Achtsamkeit. Bewusstsein ist der Speicher für all diese Samen, all diese Möglichkeiten, die sich in Ihrem Geist zeigen können. Ist Ihr Geist nicht in Frieden, liegt das vielleicht an den Begierden und Gefühlen in Ihrem Speicherbewusstsein. Um in Frieden zu leben, müssen Sie Ihrer Tendenzen gewahr sein, Ihrer Gewohnheitsenergien, damit Sie ein gewisses Maß an Selbstkontrolle ausüben können. Das ist die Praxis präventiver Gesundheitsvorsorge. Schauen Sie tief in die Natur Ihrer Gefühle hinein, um deren Wurzeln zu sehen, um zu erkennen, welche Gefühle transformiert werden müssen, und nähren Sie solche Gefühle, die Frieden, Freude und Wohlergehen hervorbringen.

Einseitige Abrüstung

Was können wir tun, wenn wir entdecken, dass wir andere unglücklich gemacht haben? Vielleicht leben diese Menschen noch, vielleicht sind sie aber bereits auch schon gestorben. Wie können wir Wiedergutmachung leisten? Die Verletzung ist nicht nur im Körper, in der Seele, dem Bewusstsein der anderen Person, sondern sie ist ebenfalls in uns. Stellen wir uns vor, wir hätten zu unserer Großmutter vor fünfzig Jahren etwas sehr Unfreundliches gesagt. Der Schmerz, das Leiden ist noch immer in unserem Bewusstsein, unserer Seele. Ich weiß, dass meine Großmutter mit Ihrer Verletzung in mir lebendig ist. Auch ich lebe mit derselben Art von Verletzung. Einseitige Abrüstung praktizieren bedeutet, dass wir uns selbst entwaffnen, ungeachtet dessen, was die andere Person tut, ob sie noch lebt oder bereits verstorben ist.

Wir brauchen nicht die physische Anwesenheit der anderen, um uns zu heilen. Sie müssen nicht vor uns sitzen, damit wir uns mit Ihnen versöhnen können. Versöhnung und Heilung können wir auch allein in uns verwirklichen. Und Abrüstung kann einseitig erfolgen. Wenn wir uns selbst entwaffnen, wenn wir friedvoll werden, uns entscheiden, nicht anzugreifen und zu streiten, dann haben wir bereits Frieden in uns. Praktiziert eine Person einseitige Abrüstung, dann hat das auch immer eine Wirkung auf den anderen.

Sind Sie sich einer Verletzung bewusst, so atmen Sie achtsam ein und aus, der Verletzung gewahr. Zum Beispiel: Einatmend bin ich meiner inneren Verletzung gewahr. Ausatmend kümmere ich mich um sie. Einatmend sage ich: „Großmutter, es tut mir so leid." Ausatmend sage ich: „Ich weiß, dass ich das niemals wieder tun werde."

Auf diese Weise wird die Großmutter in Ihnen lächeln und Heilung geschieht. In dem Augenblick, in dem Sie sich selbst entwaffnen, sich dafür entscheiden, den Kampf aufzugeben, in dem Augenblick, in dem Sie sich für einen Neubeginn entscheiden, beginnt die Heilung und Sie erleben eine Transformation, die schon bald Auswirkung auf die andere Person haben wird. Sie wird den Unterschied in Ihnen erkennen. Und nun werden Sie die andere in ganz anderer Weise sehen, Sie werden ihr ganz anders zulächeln. Sie sind nun eine Blume und nicht mehr ein Dorn für sie. Das wird sie schon bald wahrnehmen und nun wird sie sich ihrerseits entwaffnen und transformieren.

Frieden beginnt mit mir. Versöhnung beginnt mit mir. Heilung beginnt mit mir. Wenn Sie also tief atmen und Ihrem Schmerz zulächeln und geloben, neu zu beginnen, wenn Sie Liebende Güte praktizieren und sich fürsorglich um Ihren Schmerz und Ihr Leiden kümmern, dann kümmern Sie sich bereits fürsorglich auch um die andere Person.

Stellen Sie sich zum Beispiel vor, dass Sie jemandem nach zehn Jahren Trennung einen Versöhnungsbrief schreiben. Ist Ihr Brief aufrichtig gemeint, werden Sie sich sofort besser fühlen, schon während Sie ihn schreiben. Sie haben den Brief noch nicht einmal in den Umschlag gesteckt, haben noch keine Briefmarke draufgeklebt, ihn noch nicht zur Post gebracht, der andere hat ihn noch nicht bekommen, doch Sie fühlen sich schon jetzt sehr viel besser, haben sich mit sich selbst versöhnt und fühlen sich wohler und gesünder. Der andere erhält Ihren Brief in vielleicht zwei, drei Tagen und wird Sie dann anrufen, um sich zu bedanken, doch ist das nur eine der Wirkungen Ihres Briefs, es ist nicht die einzige.

Mit unserem inneren Kind sprechen

Viele von uns haben in sich ein verletztes Kind. Wir sind als Kinder tief verletzt worden und tun uns schwer damit, zu lieben und zu vertrauen, und die Liebe anderer an uns herankommen zu lassen. Sich Zeit für die Zuwendung zu diesem verletzten Kind nehmen ist eine sehr wichtige Übung. Doch kann es da ein Hindernis geben. Viele von uns wissen um ihr inneres verletztes Kind, haben aber zu große Angst, zu sich selbst zurückzukehren und mit diesem Kind zu sein. Die Mauer aus Schmerz und Kummer in uns erscheint uns als so unüberwindbar hoch, dass wir davor wegrennen. Doch wir müssen nach Hause zurückkehren und uns fürsorglich um unser verletztes Kind kümmern, selbst wenn uns dies schwer fällt. Wir brauchen Anleitungen, wie wir das tun können, ohne dass uns der innere Schmerz überwältigt.

Übung

Zentral sind bei dieser Übung das achtsame Gehen, Sitzen und Atmen. Auch die Achtsamkeitsenergie von Freunden und Freundinnen kann hilfreich sein. Vielleicht brauchen Sie beim ersten Mal, wenn Sie sich dem verletzten Kind zuwenden, ein oder zwei Freundinnen – besonders solche, die das bereits erfolgreich praktiziert haben – , die neben Ihnen sitzen, um Ihnen Unterstützung, Achtsamkeit und Energie zu geben. Sitzt eine Freundin nah bei Ihnen und hält Ihre Hand, dann sind Ihrer beider Energien vereint und Sie fühlen sich vielleicht sicherer.

Sprechen Sie zu Ihrem inneren verletzten Kind, während Sie achtsam sitzen oder gehen, und umarmen Sie das

Kind mit der Energie der Achtsamkeit. Sie können sagen: „Liebes, ich bin da für dich. Ich will mich gut um dich kümmern. Ich weiß, wie du leidest. Ich war immer so beschäftigt und gleichgültig dir gegenüber, doch jetzt habe ich gelernt, wie ich zu dir kommen kann."

Sie müssen mehrmals am Tag mit Ihrem inneren Kind sprechen. Nur dann kann Heilung geschehen. Das kleine Kind ist so lange allein gewesen. Darum sollten Sie sofort mit der Übung beginnen. Umarmen Sie Ihr Kind zärtlich und versichern Sie ihm, dass Sie es niemals mehr allein und unbeachtet lassen werden. Sind Sie in einer liebevollen Gemeinschaft, dann wird das die Übung erleichtern. Ohne die Unterstützung von Schwestern und Brüdern, Freundinnen und Freunden zu praktizieren, ist sehr viel schwieriger. Es ist sehr wichtig, Zuflucht zur Sangha zu nehmen und Brüder und Schwestern zu haben, die Ihnen in schwierigen Situationen mit Rat und Unterstützung beistehen.

Ihr inneres verletztes Kind kann viele Generationen repräsentieren. Vielleicht hatten Ihre Eltern und Großeltern dasselbe Problem, auch sie hatten ein inneres verletztes Kind, mit dem sie nicht umzugehen wussten, so dass sie dieses verletzte Kind an Sie weitergegeben haben. Unsere Praxis besteht darin, diesen Teufelskreis zu durchbrechen. Können Sie Ihr inneres verletztes Kind heilen, dann befreien Sie auch den Menschen, der Sie missbraucht hat. Auch dieser Mensch ist vielleicht Opfer von Missbrauch gewesen. Durch die Energie der Achtsamkeit, des Verstehens und Mitgefühls werden Sie weniger leiden. Die Menschen leiden, weil sie noch nicht von Mitgefühl und Verstehen berührt wurden. Mitgefühl und Verstehen werden durch Ihre Achtsamkeit möglich. Dann können Sie anderen Menschen erlauben, Sie zu lieben. Vorher waren Sie gegen jeden und alles misstrauisch. Mitgefühl hilft Ihnen, sich mit anderen zu verbinden und die Kommunikation wiederherzustellen.

Die Vierzehn Achtsamkeitsübungen

Die Vierzehn Achtsamkeitsübungen des Intersein-Ordens sind eine moderne Version der achtundfünfzig Bodhisattva-Richtlinien aus dem Brahmajala Sutra (Sutra des Netzes des Brahman). Die Vierzehn Achtsamkeitsübungen beinhalten Achtsamkeit in unserem wirklichen Leben, nicht nur die Lehre von Ideen und Konzepten. Wenn wir diese Übungen in tiefer Weise praktizieren, können wir erkennen, dass jede von ihnen alle anderen enthält. Studieren und praktizieren wir die Vierzehn Achtsamkeitsübungen, wird uns das helfen, die Natur des Interseins zu verstehen – wir können einfach nicht nur allein durch uns selbst sein, wir können nur mit allen und allem *inter-sein*. Mit Hilfe dieser Achtsamkeitsübungen werden wir gewahr, was in unserem Körper, in unserem Geist, in der Welt geschieht. Wir können mit Gewahrsein unser Leben glücklich leben, vollkommen präsent in jedem Augenblick unseres Lebens, intelligent nach Lösungen für die Probleme, vor die wir gestellt sind, suchend und im Kleinen oder im Großen für den Frieden wirkend. Praktizieren wir die Fünf Achtsamkeitsübungen (siehe Seite 52ff), praktizieren wir bereits die Vierzehn Achtsamkeitsübungen. Wollen wir formal die Vierzehn Achtsamkeitsübungen empfangen und in die innere Gemeinschaft des Intersein-Ordens aufgenommen werden, dann wollen wir damit ein Mitglied der Gemeinschaft werden, um die Übung in einer Sangha zu organisieren. Wir sollten um eine formale Ordination nur bitten, wenn wir das Gefühl haben, über genügend Zeit, Energie und Interesse zu verfügen, uns um eine Gemeinschaft auch wirklich kümmern zu können. Dann werden wir mit anderen Brüdern und Schwestern zusammenarbeiten. Ansonsten sind die Fünf Achtsamkeitsübungen ausreichend. Wir können die Vierzehn Achtsamkeitsübungen aber auch ohne eine formale Zeremonie praktizieren, ohne als Mitglied des Ordens ordiniert zu sein. Wenn es wichtig für uns ist, können wir auch einige Worte verändern, damit sie zu unserer eigenen Tradition passen.

Übung

Die erste Achtsamkeitsübung: Offenheit

Im Bewusstsein des Leides, das durch Fanatismus und Intoleranz entsteht, sind wir entschlossen, Lehrmeinungen, Theorien oder Ideologien, einschließlich der buddhistischen, nicht zu vergöttern und uns nicht an sie zu binden. Buddhistische Lehren sind Hilfsmittel, die es uns ermöglichen, durch tiefes Schauen Verstehen und Mitgefühl zu entwickeln. Sie sind keine Dogmen, für die gekämpft, getötet oder gestorben werden sollte.

Die zweite Achtsamkeitsübung: Nicht-Haften an Ansichten

Im Bewusstsein des Leides, das durch das Festhalten an Ansichten und falschen Wahrnehmungen entsteht, sind wir entschlossen, Engstirnigkeit zu vermeiden und uns nicht an unsere gegenwärtigen Ansichten zu binden. Wir wollen das Nicht-Haften an Ansichten üben, um für die Erkenntnisse und Erfahrungen anderer offen zu sein. Wir sind uns bewusst, dass unser derzeitiges Wissen keine unveränderliche, absolute Wahrheit ist. Da sich Wahrheit nur im Leben selbst findet, wollen wir in jedem Augenblick das Leben in uns und um uns herum achtsam wahrnehmen und sind bereit, unser Leben lang zu lernen.

Die dritte Achtsamkeitsübung: Freiheit von Gedanken

Im Bewusstsein des Leides, das durch das Aufzwingen von Meinungen entsteht, sind wir entschlossen, niemandem – auch nicht unseren Kindern – unsere Meinung aufzunötigen, weder durch Autorität, Drohung, Geld, Propaganda noch Indoktrination. Wir wollen das Recht anderer respektieren, anders zu sein und selbst zu wählen, an was sie glauben und wofür sie sich entscheiden. Wir wollen unseren Mitmenschen jedoch in mitfühlendem Gespräch helfen, Fanatismus und Engstirnigkeit zu überwinden.

Die vierte Achtsamkeitsübung: Bewusstsein für das Leiden

Im Bewusstsein, dass es uns helfen kann, Mitgefühl zu entwickeln und Wege zur Überwindung des Leidens zu finden, wenn wir tief in die Natur des Leidens schauen, sind wir entschlossen, dem Leiden nicht aus dem Weg zu gehen oder die Augen davor zu verschließen. Wir verpflichten uns, Kontakt zu denen zu suchen, die leiden. Auf diese Weise erlangen wir ein tiefes Verständnis für ihre Situation und verhelfen ihnen dazu, ihr Leiden in Mitgefühl, Frieden und Freude zu verwandeln.

Die fünfte Achtsamkeitsübung: Einfache, gesunde Lebensführung

Im Bewusstsein, dass wahres Glück in Frieden, Gefestigtheit, Freiheit und Mitgefühl wurzelt, nicht aber in Reichtum und Ruhm, sind wir entschlossen, unser Leben nicht auf Ruhm, Profit, Reichtum oder sinnliches Vergnügen auszurichten und auch keine Reichtümer anzuhäufen, solange Millionen hungern und daran sterben. Wir verpflichten uns, ein einfaches Leben zu führen und unsere Zeit, Energie und materiellen Mittel mit denen zu teilen, die in Not sind. Wir üben uns darin, achtsam zu essen, zu trinken und zu konsumieren und auf Alkohol und andere Mittel zu verzichten, die unserem eigenen Körper und Geist sowie dem kollektiven Körper und Geist Gift zufügen.

Die sechste Achtsamkeitsübung: Mit Ärger umgehen

Im Bewusstsein, dass Ärger unseren Austausch mit anderen vereitelt und Leiden schafft, sind wir entschlossen, uns um die Energie von aufsteigendem Ärger zu kümmern, um seine in den Tiefen unseres Bewusstseins liegenden Samen zu erkennen und zu verwandeln. Wenn Ärger in uns aufkommt, wollen wir nichts tun oder sagen, sondern achtsames Atmen oder achtsames Gehen praktizieren, wollen ihn annehmen, mit unserer Achtsamkeit umarmen und tief in ihn hineinschauen. Wir wollen lernen, jene, die wir für die Verursacher unseres Ärgers halten, mit den Augen des Mitgefühls zu betrachten.

Die siebte Achtsamkeitsübung: Glücklich im gegenwärtigen Moment verweilen

Im Bewusstsein, dass Leben nur im gegenwärtigen Augenblick da ist und dass es möglich ist, im Hier und Jetzt glücklich zu leben, sind wir entschlossen, uns darin zu üben, jeden Augenblick unseres Lebens in tiefer Weise zu leben. Wir wollen uns bemühen, uns nicht in Zerstreuungen, im Bedauern über die Vergangenheit oder in Sorgen über die Zukunft zu verlieren. Wir wollen uns in der Gegenwart nicht von Begierden, Wut und Eifersucht mitziehen lassen. Wir wollen achtsames Atmen üben, um zu dem zurückzukehren, was im gegenwärtigen Augenblick geschieht.

Wir sind entschlossen, die Kunst des achtsamen Atmens zu erlernen, in dem wir die wunderbaren, erfrischenden und heilenden Kräfte berühren, die wir in uns und um uns herum vorfinden. Indem wir den Samen der Freude, des Friedens und der Liebe und des Verstehens in uns Nahrung geben, fördern wir den Prozess der Transformation und Heilung in unserem Bewusstsein.

Die achte Achtsamkeitsübung: Gemeinschaft und Kommunikation

Im Bewusstsein, dass ein Mangel an Kommunikation stets Trennung bewirkt und Leiden schafft, verpflichten wir uns, mitfühlendes Zuhören und liebevolles Sprechen zu üben. Wir wollen lernen, tief zuzuhören, ohne zu bewerten oder zu reagieren, und es unterlassen, Worte zu äußern, die Zwietracht säen oder die zu einem Bruch in der Gemeinschaft führen können. Wir wollen jede Anstrengung unternehmen, um die Kommunikation aufrechtzuerhalten, um zu versöhnen und um Konflikte zu lösen, so klein sie auch sein mögen.

Die neunte Achtsamkeitsübung: Wahrhaftes und liebevolles Sprechen

Im Bewusstsein, dass Worte sowohl Leid als auch Glück schaffen können, verpflichten wir uns, wahrhaftig und aufbauend sprechen zu lernen und nur solche Worte zu benutzen, die Hoffnung und Vertrauen erwecken. Wir sind entschlossen, nichts Unwahres zu sagen, weder aus Eigeninteresse noch um andere zu beeindrucken und keine Worte zu äußern, die Trennung oder Hass bewirken. Wir wollen keine Nachrichten verbreiten, von denen wir nicht genau wissen, ob sie stimmen, noch wollen wir Dinge kritisieren oder missbilligen, derer wir uns nicht sicher sind. Wir wollen unser Möglichstes tun, Unrecht beim Namen zu nennen, selbst wenn wir dadurch unsere eigene Sicherheit gefährden.

Die zehnte Achtsamkeitsübung: Die Gemeinschaft beschützen

Im Bewusstsein, dass die Übung des Verstehens und Mitfühlens Sinn und Ziel einer Sangha ist, sind wir entschlossen, die buddhistische Gemeinschaft weder zum Zweck persönlichen Vorteils oder Gewinns zu benutzen, noch sie in ein politisches Instrument zu verwandeln. Eine spirituelle Gemeinschaft sollte jedoch deutlich Stellung beziehen gegen Unterdrückung und Unrecht und bestrebt sein, entsprechende Zustände zu verändern, ohne sich in parteiische Konflikte verstricken zu lassen.

Die elfte Achtsamkeitsübung: Rechter Lebenserwerb

Im Bewusstsein, das unserer Umwelt und Gesellschaft Gewalt und großes Unrecht zugefügt wurde, sind wir entschlossen, keinem Lebenserwerb nachzugehen, durch den wir Mensch und Natur Schaden zufügen. Wir wollen unser Möglichstes tun, einen Lebenserwerb zu wählen, der dazu beiträgt, dass wir unser Ideal von Verstehen und Mitgefühl verwirklichen können. Im Bewusstsein der wirtschaftlichen, politischen und sozialen Wirklichkeit unserer Welt wollen wir uns als Konsumierende und als Bürgerinnen und Bürger verantwortungsvoll verhalten und nicht in Unternehmen investieren, die andere ihrer Lebensmöglichkeiten berauben.

Die zwölfte Achtsamkeitsübung: Ehrfurcht vor dem Leben

Im Bewusstsein, dass Kriege und Konflikte großes Leid verursachen, sind wir entschlossen, in unserem täglichen Leben Gewaltlosigkeit, Verstehen und Mitgefühl zu entwickeln. Wir wollen innerhalb von Familie, Gesellschaft, Staat und in der Welt zur Erziehung und zum Frieden beitragen, bei Streitigkeiten in Achtsamkeit vermittelnd eingreifen und Versöhnung fördern. Wir sind entschlossen, nicht zu töten und es nicht zuzulassen, dass andere töten. Zusammen mit unserer Sangha wollen wir uns in tiefem Schauen üben, um bessere Möglichkeiten zum Schutz des Lebens und zur Verhinderung von Kriegen zu finden.

Die dreizehnte Achtsamkeitsübung: Großzügigkeit

Im Bewusstsein, dass durch Ausbeutung, soziale Ungerechtigkeit, Diebstahl und Unterdrückung Leiden entsteht, verpflichten wir uns, liebende Güte zu pflegen und Wege zu beschreiten, die zum Wohlergehen von Menschen, Tieren, Pflanzen und Mineralien beitragen. Wir wollen Freigebigkeit praktizieren, indem wir unsere Zeit, Energie und materiellen Güter mit denen teilen, die in Not sind. Wir sind entschlossen, nicht zu stehlen und nichts zu besitzen, das anderen zusteht. Wir wollen das Eigentum anderer achten und werden andere davon abhalten, sich an menschlichem Leiden und am Leiden anderer zu bereichern.

Die vierzehnte Achtsamkeitsübung: Rechtes Verhalten (für Laien)

Im Bewusstsein, dass sexuelle Beziehungen, die allein auf Begierde beruhen, Gefühle der Einsamkeit nicht auflösen, sondern noch mehr Leiden, Frustration und Einsamkeit hervorrufen, sind wir entschlossen, eine sexuelle Beziehung nur auf der Basis von Liebe, gegenseitigem Verstehen und der Bereitschaft zu einer langfristigen, verpflichtenden Beziehung einzugehen. Wir sind uns bewusst, dass eine sexuelle Beziehung die Ursache für künftiges Leid sein kann. Wir wissen, dass wir unsere eigenen und die Rechte und Verpflichtungen anderer respektieren müssen, wenn wir unser eigenes und das Glück anderer bewahren wollen. Wir wollen alles tun, was in unserer Macht steht, um Kinder vor sexuellem Missbrauch zu schützen und um zu verhindern, dass Paare und Familien durch sexuelles Fehlverhalten entzweit werden. Wir wollen unseren Körper rücksichtsvoll behandeln und unsere Lebensenergien (die sexuelle Energie, den Atem, den Geist) der Verwirklichung unseres Bodhisattva-Ideals widmen. Wir wollen uns der Verantwortung voll bewusst sein, die mit dem Entstehen neuen Lebens verbunden ist, und über die Welt meditieren, in die die neuen Wesen hineingeboren werden.

Die vierzehnte Achtsamkeitsübung: Rechtes Verhalten (für Mönche und Nonnen)

Im Bewusstsein, dass das Bestreben eines Mönches oder einer Nonne nur dann zum Ziel führen kann, wenn er oder sie die Fesseln weltlicher Liebe vollkommen ablegt, verpflichten wir uns, keusch zu leben und anderen zu helfen, sich zu beschützen. Wir sind uns bewusst, dass Einsamkeit und Leiden nicht durch die sexuelle Vereinigung zweier Körper gemindert werden kann, wohl aber durch das Praktizieren wahren Verstehens und wahren Mitgefühls. Wir wissen, dass eine sexuelle Beziehung unser Leben als Mönch oder Nonne zerstört, dass sie die Verwirklichung unseres Ideals, anderen Lebewesen zu helfen, vereitelt und dass sie anderen Schaden zufügt. Wir sind entschlossen, unseren

Körper gesund zu erhalten, ihn nicht zu schädigen oder als bloßes Instrument anzusehen, sondern zu lernen, ihn mit Respekt zu behandeln. Wir sind entschlossen unsere Lebensenergien (die sexuelle Energie, den Atem, den Geist) der Verwirklichung unseres Bodhisattva-Ideals zu widmen.

Übungen mit Kindern

Jungen Menschen zuhören

Als Erwachsene haben wir das Gefühl, über viel Weisheit und Erfahrung zu verfügen, während Kinder für uns noch zu jung sind und deshalb wenig wissen. So viele Generationen von Eltern, Lehrerinnen und Lehrern, älteren Brüdern und Schwestern haben die Meinungen von Kindern für irrelevant und unwichtig gehalten. Sie meinten, dass Kinder keine ausreichenden Erfahrungen hätten und es nicht zählen würde, was sie denken oder wollen. Ältere glauben zu wissen, was das Beste für ihre jüngeren Geschwister ist. Das ist nicht unbedingt wahr. Wenn die Älteren die Schwierigkeiten und tiefsten Wünsche ihrer jüngeren Brüder und Schwestern noch nicht wirklich verstanden oder sie überhaupt gehört haben, dann können sie sie nicht wirklich lieben. Liebe erwächst aus Verstehen. Gründet Liebe nicht auf Verstehen, dann schadet sie. Ohne sich dessen bewusst zu sein, fügen Eltern ihren Kindern häufig Leid zu und ältere Brüder und Schwestern tun dies bei den jüngeren Geschwistern.

Drängen wir unsere Kinder dazu, das zu tun, was wir für das Beste halten, ist die Kommunikation zwischen uns und unseren Kindern zusammengebrochen. Wie können wir aber glücklich sein ohne Verbindung zwischen uns? Die Kommunikation zwischen Eltern und Kindern lebendig zu erhalten ist das Wichtigste. Ist das Tor der Kommunikation geschlossen, leiden Eltern und Kinder gleichermaßen. Doch wenn wir uns in guter Kommunikation üben, werden Kinder und Eltern ihr Leben als Freunde miteinander teilen, und dies ist der einzige Weg zu wahrem Glück.

Als Familie können wir wöchentliche Treffen vereinbaren. Bei diesen Gelegenheiten haben wir die Möglichkeit,

Dinge zu besprechen, die für unser Glück wichtig sind. Hat ein Kind Schwierigkeiten in der Schule oder ein Heranwachsender ein Problem am Arbeitsplatz, kann davon berichtet werden und alle in der Familie können ihre Einsicht einbringen, wie man die Situation verbessern kann. Die Familie, die so praktiziert, ist wie eine Sangha, und eine Sangha ist wie eine Familie, von daher ist es nur natürlich, dass sie ähnlich funktionieren. Wir müssen uns gar nicht Buddhist oder Buddhistin nennen, um diese Übungen in unserem täglichen Leben anzuwenden. Sie bringen einfach Frieden und Freude in unsere Familie und Gemeinschaft.

Übung

Liebevolles Sprechen und tiefes Zuhören sind eine wundervolle Methode, das Tor zur Kommunikation mit Kindern zu öffnen. Als Eltern sollten Sie keine autoritäre Sprache benutzen, wenn Sie mit Ihren Kindern sprechen, sondern eine Sprache der Liebe. Können Sie in einer Sprache der Liebe und des Verstehens kommunizieren, dann werden Ihre Kinder mit ihren Schwierigkeiten, Nöten und Ängsten zu Ihnen kommen und Ihnen davon erzählen. Sie werden durch diese Art der Kommunikation ein größeres Verständnis für Ihre Kinder gewinnen und imstande sein, sie mehr zu lieben. Ist aber Ihre Liebe nicht auf Verstehen gegründet, werden Ihre Kinder sie auch nicht als Liebe empfinden.

Um Ihre Liebe auszudrücken, können Sie zu Ihrem Kind sagen: „Liebes Kind, meinst du, ich verstehe dich gut genug? Verstehe ich deine Probleme und Schwierigkeiten? Bitte sag es mir. Ich möchte das wissen, um dich so zu lieben, dass es dich nicht verletzt." Sie können sagen: „Liebes Kind, bitte sag mir die Wahrheit. Verstehe ich dich wirklich? Verstehe ich dein Leiden, deine Probleme und tiefsten Wünsche? Wenn ich sie noch nicht verstehe, dann hilf mir dabei. Denn wenn ich dich nicht verstehe, dann werde ich dir weiter im Namen der Liebe Leid zufügen." Das ist liebevolles Sprechen.

Wenn Ihr Kind mit Ihnen redet, dann sollten Sie sich in tiefem Zuhören üben. Manchmal sagt Ihr Kind etwas, das Sie überraschen wird. Es mag das Gegenteil dessen sein, wie Sie die Dinge sehen. Gleichwohl, hören Sie tief zu. Erlauben Sie Ihrem Kind, sich ganz frei auszudrücken. Schneiden Sie ihm nicht das Wort ab oder kritisieren Sie, was es sagt. Wenn Sie tief zuhören mit ganzem Herzen – für eine halbe Stunde, für eine Stunde, vielleicht sogar für drei Stunden – werden Sie Ihr Kind und das, was es bewegt, klarer sehen und besser verstehen können.

Auch wenn Ihr Kind noch sehr klein sein mag, so hat es doch schon tiefe Einsichten und seine eigenen besonderen Bedürfnisse. Sie erkennen vielleicht allmählich, dass Ihr Kind durch Sie hat leiden müssen. Und wenn Ihr Kind leidet, dann leiden auch Sie.

Gehmeditation mit Kindern

Mit Kindern zu gehen ist eine wundervolle Weise, sich in Achtsamkeit zu üben. Sie nehmen das Kind vielleicht beim Gehen an die Hand Es wird dann Ihre Konzentration und Stabilität empfangen, und Sie werden seine Frische und Unschuld aufnehmen. Von Zeit zu Zeit läuft es vielleicht gern vorneweg und wartet dann darauf, von Ihnen eingeholt zu werden. Ein Kind ist eine Glocke der Achtsamkeit, die uns in Erinnerung ruft, wie wundervoll das Leben ist.

Wir können unsere Kinder daran erinnern, dass sie durch die Gehmeditation gut zur Ruhe kommen können, wenn heftige Gefühle sie plagen oder sie ganz aufgewühlt sind. Wir erinnern sie daran, beim Gehen jedem Schritt Aufmerksamkeit zu schenken.

Übung

In Plum Village lehre ich die jungen Menschen einen einfachen Vers für die Gehmeditation. Sie sagen „ja, ja, ja“, während sie einatmen und „danke, danke, danke“ beim Ausatmen. Ich möchte, dass sie sich auf das Leben, die Gesellschaft, die Erde in positiver Weise beziehen. Sie genießen das sehr.

Gehmeditation erkläre ich ihnen dann so: „Seid einfach! Genießt es, im gegenwärtigen Moment zu sein. Die Erde ist so schön. Genießt den Planeten Erde. Auch ihr seid schön, ihr seid ein Wunder wie die Erde. Denkt daran, dass ihr beim Gehen nirgendwo hingeht, doch dass euch jeder Schritt hilft anzukommen. Wo anzukommen? Im gegenwärtigen Moment – anzukommen im Hier und Jetzt. Ihr braucht für euer Glück nichts anderes.“

Wenn die Kinder in diesem Bewusstsein gehen, machen sie Gehmeditation.

Kindern bei Wut und anderen starken Emotionen helfen

Gefühle sind wie ein Sturm. Er kommt auf, bleibt für eine Weile und zieht dann vorbei. Kinder sind inmitten des Sturms, wenn er aufkommt. Als Erwachsene können wir unsere Gefühlsstürme erkennen, ihnen zulächeln, sie umarmen und viel aus ihnen lernen. Sind wir mit einem Kind zusammen, das gerade heftige Gefühle durchlebt, müssen wir mit starker Konzentration achtsames Atmen praktizieren und diese Methode auch dem Kind zeigen.

Übung

Jedes Mal, wenn ein Kind heftige Gefühle durchlebt, können Sie es im Arm halten oder seine Hand nehmen und einladen, mit Ihnen zu üben. Teilen Sie mit dem Kind Ihre Fähigkeit zur Stabilität. „Halte meine Hand, wir atmen zusammen, in Ordnung?“

Einatmend spüre ich, wie mein Bauch sich ausdehnt.
Ausatmend sehe ich, wie mein Bauch sich zusammenzieht.
Ausdehnen.
Zusammenziehen.

Atmet sehr tief miteinander. Atmet sehr langsam miteinander. Es gibt kein Problem. Sie geben Ihre Fähigkeit zur Stabilität an das Kind weiter. Das Einatmen des Kindes fühlt sich stark an, das Ausatmen leicht. Beim Einatmen beginnt sich der Geist des Kindes zu beruhigen. Beim Ausatmen kann das Kind ein wenig lächeln.

Ältere Kinder oder Kinder, die häufiger wütend werden,

schätzen es vielleicht, einen Kieselstein bei sich haben. Sie können sich damit neben den Buddha setzen, sofern einer bei ihnen zu Hause steht, oder draußen unter einen besonderen Baum, auf einen Stein oder in ihr Zimmer. Sie können ihnen beibringen, den Kieselstein zu halten und zu sagen:

Lieber Buddha,
hier ist mein Kieselstein. Ich werde mit ihm üben, wenn etwas schief läuft. Wann immer ich wütend oder durcheinander bin, werde ich den Kieselstein in die Hand nehmen und tief atmen. Ich werde das so lange tun, bis ich mich beruhigt habe.

Ermuntern Sie die Kinder, den Kieselstein bei sich zu tragen und, wann immer sie sich während des Tages unglücklich fühlen, in ihre Tasche nach dem Stein zu greifen, tief zu atmen und zu sagen:

Einatmend weiß ich, dass ich wütend bin.
Ausatmend kümmere ich mich gut um meine Wut.

Während es auf diese Weise atmet und spricht, fühlt es sich vielleicht noch immer wütend. Doch das Kind ist sicher, denn es umarmt seine Wut so, wie eine Mutter ihr weinendes Baby umarmt. Nach einer Weile wird seine Wut verrauchen und es wird ihr zulächeln können.

Einatmend sehe ich meine Wut.
Ausatmend lächle ich meiner Wut zu.

Wenn das Kind in der Lage ist zu lächeln, kann es den Stein für die nächste Gelegenheit wieder in die Tasche stecken. Das mag eine gute Gelegenheit sein, Kinder daran zu erinnern, dass wir „achtsam" sind, wenn wir uns auf diese Weise um unsere Wut kümmern. Achtsamkeit ist wie die Strahlen der Sonne, ohne jede Anstrengung und Bemühung bescheint die Sonne alles und alles ändert sich dann. Wenn wir unsere Wut dem Licht der Achtsamkeit aussetzen, wird auch sie sich ändern, wie eine Blume, die sich zur Sonne hin öffnet.

Sie können Kindern zeigen, wie sie sich um ihre Ängste und ihre Wut kümmern können, indem sie lernen, sich des Ausdehnens und Zusammenziehens des Bauchs beim Atmen bewusst zu werden. Haben die Kinder die Übung, die Sie ihnen gezeigt haben, vergessen, wenn sie das nächste Mal ängstlich oder wütend werden, dann müssen Sie sie lediglich sanft daran erinnern, wie man sie macht.

Mahlzeiten mit der Familie

Vor einigen Tagen fragte ich einige Kinder: „Warum frühstückt man?“ Ein Junge antwortete: „Um für den Tag Energie zu bekommen.“ Ein anderer sagte: „Man frühstückt, um zu frühstücken.“ Ich glaube, der zweite hatte Recht. Der Zweck des Essens ist das Essen.

Wir sollten alles daransetzen, zumindest eine Mahlzeit am Tag mit der gesamten Familie einzunehmen. Beim gemeinsamen Essen kultivieren wir als Familie mehr Harmonie und Liebe. Ein Familienmitglied kann die Fünf Betrachtungen rezitieren oder wir können sie gemeinsam vor dem Essen sprechen oder singen. Wir nutzen unser Talent und unsere Kreativität, um es für alle angenehm zu machen.

Übung

Sitzen Sie in Stille zusammen, atmen Sie dreimal ein und aus. Schauen Sie einander an, nehmen Sie die Gegenwart jedes Einzelnen wahr und essen Sie für die ersten zwei Minuten in Schweigen. Sie können zuvor auch die Essensbetrachtungen für junge Menschen rezitieren.

Die erste Betrachtung: Diese Nahrung ist das Geschenk des ganzen Universums: der Erde, des Himmels, des Regens und der Sonne.

Die zweite Betrachtung: Wir danken all den Menschen, die diese Nahrung hergestellt haben, besonders den Bauern, den Verkäuferinnen auf dem Markt und den Köchen.

Die dritte Betrachtung: Wir nehmen nur so viel auf unseren Teller, wie wir essen können.

Die vierte Betrachtung: Wir wollen die Nahrung langsam kauen, damit wir sie genießen können.

Die fünfte Betrachtung: Diese Nahrung gibt uns die Energie, liebevoller und verständnisvoller sein zu können.

Die sechste Betrachtung: Wir essen diese Nahrung, um gesund und glücklich zu sein und einander als Familie zu lieben.

Die Übung ist einfach. Um uns der Nahrung würdig zu erweisen, müssen wir sie nur achtsam essen. Essen wir unachtsam, dann ist das der Nahrung gegenüber und denen, die sie geschaffen haben, nicht sehr freundlich. Ich erinnere mich selbst gern daran, maßvoll zu essen. Ich weiß, dass Nahrung für mein Wohlergehen eine wichtige Rolle spielt. Darum gelobe ich, nur solche zu mir zu nehmen, die meine Gesundheit und mein Wohlergehen bewahrt. Sowohl Erwachsene als auch Kinder können so praktizieren.

Die Glocke einladen

Es ist wundervoll, gemeinsam zu atmen. Es ist wichtig, dass wir auch allein achtsam atmen können, doch wenn die ganze Familie zusammenkommt und gemeinsam ein- und ausatmet, schafft das eine wundervolle Energie, die alle umfasst. Unsere jeweiligen Herzen werden ein Herz, unsere jeweiligen Lungen eine Lunge. Wenn jemand ärgerlich ist oder Streit in der Familie herrscht, dann ist das eine gute Zeit, die Glocke einzuladen.

Jedes Familienmitglied hat das Recht die Glocke zum Erklingen einzuladen, wenn es an Frieden in der Familie mangelt. Ist der große Bruder wütend oder weint die Mutter, dann ist es Zeit, dass ein Familienmitglied die Glocke bittet zu erklingen, so dass alle in der Familie dreimal achtsam ein- und ausatmen können. Schon nach einer Woche Praxis wird es mehr Ruhe und Harmonie in der Familie geben, wenn wir am Morgen, am Abend und wann immer es an Frieden in der Familie mangelt auf diese Weise dreimal ein und ausatmen.

Übung

Viele meiner Freundinnen und Freunde, gerade meiner jungen, lieben es, die Glocke einzuladen und ihrem Klang zu lauschen. Bevor sie morgens zur Schule gehen, setzen sie sich hin, laden die Glocke zum Erklingen ein und genießen ihr Ein- und Ausatmen. Mit einem guten Frühstück, dem Einladen der Glocke und achtsamem Ein- und Ausatmen können sie den Tag in Frieden, Gelassenheit und Stabilität beginnen. Statt also einem Familienmitglied einfach „einen guten Tag" zu wünschen, können wir ihnen dabei helfen, den Tag gut zu beginnen mit dem Klang der Glocke und dem Ein- und Ausatmen. Und bevor abends alle zu Bett gehen, können Sie als Familie zusammensitzen, die Glocke einladen und gemeinsam ein- und ausatmen. Das ist sehr schön und friedvoll.

Die Übung zum Einladen der Glocke ist für Kinder wie für Erwachsene die gleiche. Sie verbeugen sich vor der Glocke, nehmen Sie auf Ihre Handfläche und mit dem folgenden Gedicht atmen Sie ein und aus, bevor Sie den Halb-Klang einladen.

Körper, Rede und Geist
in vollkommener Einheit,
folgt mein Herz dem Klang der Glocke.
Mögen alle, die diesen Klang hören,
aus der Unachtsamkeit erwachen
und ihre Ängste und Sorgen überwinden.

Dann machen Sie den Halb-Klang der Glocke. Geben Sie den Menschen genügend Zeit, sich vorzubereiten – die Zeit einer Ein- und Ausatmung. Laden Sie danach einen vollen Glockenklang ein. Atmen Sie dreimal ein und aus mit dem folgenden Gedicht:

Höre, höre
dieser wundervolle Klang
trägt mich zurück
zu meinem wahren Selbst.

Lauschen Sie ganz tief und erfreuen Sie sich daran. Das ist eine Friedenspraxis. Und laden Sie nach diesem Augenblick die Glocke erneut ein, voll zu erklingen. Atmen Sie erneut dreimal langsam ein und aus. Laden Sie schließlich die Glocke zum dritten und letzten Mal ein zu erklingen. Atmen Sie dann wieder dreimal ein und dreimal aus. Senken Sie danach die Glocke und stellen Sie sie auf ihr Kissen oder den Boden zurück.

Eine junge Glockenmeisterin sollte wissen, dass ihre Einatmung und ihre Ausatmung kürzer sind als die Ein- und Ausatmung von Erwachsenen. Nachdem sie also die Glocke eingeladen hat, zu erklingen, sollte sie dreimal ein- und ausatmen und dann noch ein wenig Zeit für die Erwachsenen lassen, damit diese ihre drei Ein- und Ausatmungen vollkommen genießen können. Das ist sehr freundlich von ihr, denn die Zeit, in der wir dem Glockenklang lauschen, ist die Zeit, uns selbst zu genießen, Frieden zu genießen, das Leben zu genießen. Ich selbst kann auf diese Weise eine Stunde und länger sitzen und dem Glockenklang lauschen und das genießen. Es ist sehr heilsam, sehr nährend.

Die Kieselstein-Meditation

Ich trage in meiner Tasche gern ein paar Kieselsteine mit mir herum. Ich habe keine Kreditkarte, kein Geld, keine Zigaretten bei mir. Vielleicht ein Stück Papier, eine kleine Glocke oder etwas Ähnliches.

Diese Kieselsteine helfen mir, mich daran zu erinnern, dass wir Menschen als Blumen im Garten der Menschheit geboren wurden. Wenn wir nicht wissen, wie wir unsere Frische bewahren können, leiden wir und haben nicht genügend Schönheit der Welt anzubieten.

Übung

Nehmen Sie einen kleinen Beutel, in den Sie vier Steine tun, die Sie draußen gesammelt haben. Sie können alle im Kreis miteinander sitzen und ein Kind oder ein Erwachsener aus der Familie spielt die Rolle des Glockenmeisters. Nachdem die Glocke eingeladen wurde, dreimal zu erklingen und alle das Ein- und Ausatmen genossen haben, nehmen sie die Steine aus dem Beutel und legen sie links neben sich. Nehmen Sie mit der rechten Hand einen Stein und betrachten Sie ihn. Der erste Stein repräsentiert eine Blume. Er repräsentiert auch unsere eigene Frische und Blumennatur.

Legen Sie den Stein in die linke Handfläche und diese Hand dann auf die rechte, um die Meditation über Blumennatur zu beginnen.

Einatmend sehe ich mich selbst als Blume.
Ausatmend fühle ich mich frisch.

Das ist keine Fantasterei, denn Sie sind eine Blume im Garten der Menschheit. Sehen Sie sich selbst als Blume. Es ist während dieser Übung sehr hilfreich zu lächeln, denn eine Blume lächelt immer. Atmen Sie auf diese Weise dreimal. Legen Sie danach den Stein auf die rechte Seite neben sich.

Nehmen Sie dann den zweiten Stein und betrachten Sie ihn. Dieser Stein repräsentiert einen Berg. Ein Berg repräsentiert Festigkeit. Sie sind Sie selbst, Sie sind stabil, Sie sind gefestigt. Ohne Festigkeit könnten Sie nicht wahrhaft glücklich sein. Sie würden durch Provokationen, Wut, Angst, Bedauern oder Sorgen Ihr Gleichgewicht verlieren. Diese Meditation wird am besten in der Sitzhaltung durchgeführt, denn im halben oder ganzen Lotossitz ist der Körper sehr stabil und gefestigt. Selbst wenn jemand Sie stoßen würde, würden Sie nicht umfallen. Nachdem Sie den zweiten Stein auf die linke Handfläche genommen und diese auf die rechte gelegt haben, beginnen Sie über den Berg zu meditieren.

Einatmend sehe ich mich als einen Berg.
Ausatmend fühle ich mich fest.

Wiederholen Sie dies dreimal. Sind Sie stabil und fest, schwanken Sie nicht mehr in Körper und Geist.

Der dritte Stein repräsentiert stilles Wasser. Von Zeit zu Zeit kommen Sie vielleicht zu einem See, wo das Wasser so still ist, dass es genau das widerspiegelt, was da ist. Es ist so still, dass es den blauen Himmel, die weißen Wolken, die Berge und Bäume reflektiert. Sie können ein Foto vom See machen und das Spiegelbild von Himmel und Bergen sieht genauso aus wie der Himmel und die Berge. Sie sind kein Opfer falscher Wahrnehmungen. Ist Ihr Geist von Begierden, Wut oder Eifersucht gestört, dann nehmen Sie die Dinge falsch wahr. Falsche Wahrnehmungen bringen eine Menge Wut, Angst und Gewalt hervor und drängen uns, Dinge zu tun oder zu sagen, die alles zerstören. Diese Übung hilft uns, Ruhe und Frieden, repräsentiert durch das stille Wasser, wiederherzustellen.

Einatmend sehe ich mich als stilles Wasser.
Ausatmend spiegle ich die Dinge, wie sie wirklich sind.

Wiederholen Sie das dreimal. Das ist kein Wunschdenken. Achtsames Atmen bringt Ihrem Atem, Ihrem Körper, Ihren Gefühlen Frieden.

Der vierte Kieselstein repräsentiert Raum und Freiheit. Wenn Sie in Ihrem Herzen nicht genügend Raum haben, wird es für Sie sehr schwierig sein, sich glücklich zu fühlen. Machen Sie Blumenarrangements, wissen Sie, dass Blumen Raum brauchen, damit ihre Schönheit ausstrahlen kann. Menschen brauchen ebenso ihren Raum. Lieben Sie jemanden, ist das Kostbarste, was Sie diesem Menschen bieten können, Raum. Und den können Sie nicht im Supermarkt kaufen. Visualisieren Sie den Mond auf seiner Himmelsbahn. Der Mond hat viel Raum um sich, und der ist Teil seiner Schönheit. Viele Schüler des Buddha sprachen von ihm als einem Vollmond, der am leeren Himmel entlangzieht.

Einatmend sehe ich mich als Raum.
Ausatmend fühle ich mich frei.

Wiederholen Sie das dreimal. Jeder Mensch braucht Freiheit und Raum für sich. Bieten Sie dies Ihren Lieben. Ohne anderen Ihre Ideen oder Vorgehensweisen aufzuzwingen, können Sie Ihnen das Geschenk der Kieselstein-Meditation anbieten. Auf diese Weise werden Sie dazu beitragen, die Sorgen, Ängste und die Wut im Herzen jedes Familienmitglieds zu mindern.

Der Atemraum

In jedem Haushalt sollte es ein Zimmer als Atemraum geben oder zumindest in einem Zimmer eine Ecke, die für diesen Zweck genutzt wird. Wir können dort einen niedrigen Tisch hinstellen, mit einer Blume, einer kleinen Glocke und genügend Sitzkissen für alle Familienmitglieder. Wenn wir uns nicht wohl fühlen, traurig oder wütend sind, können wir in dieses Zimmer gehen, die Tür hinter uns schließen, uns hinsetzen, den Klang der Glocke einladen und achtsames Atmen praktizieren. Haben wir auf diese Weise für zehn oder fünfzehn Minuten geatmet, werden wir uns bereits etwas besser fühlen. Praktizieren wir nicht so, können wir manchmal die Beherrschung verlieren. Dann brüllen wir vielleicht oder fangen einen Streit an und lösen damit in unserer Familie einen heftigen Sturm aus.

Bei einem Sommerretreat in Plum Village fragte ich einen Jungen: „Kind, wenn dein Vater ärgerlich spricht, weißt du dann, wie du ihm helfen kannst?" Das Kind schüttelte den Kopf: „Ich weiß nicht, was ich tun soll. Ich bekomme Angst und versuche wegzulaufen." Wenn Kinder nach Plum Village kommen, können Sie dort etwas über den Atemraum erfahren, damit sie ihren Eltern helfen können, wenn diese wütend werden. Ich sagte dem Jungen: „Du kannst deine Eltern in deinen Atemraum einladen, mit dir zu atmen."

Übung

Über einen Atemraum oder eine Atemecke muss sich eine Familie im Vorhinein verständigen. Sind alle in guter Stimmung, ist das eine gute Gelegenheit, die Familienmitglieder zu bitten, eine Vereinbarung miteinander abzuschließen. Sie könnten sagen: „Wir sind manchmal wütend und sagen einander dann verletzende Dinge. Das macht Angst. Wir werden nächstes Mal, wenn das geschieht, gemeinsam in den Atemraum gehen und die Glocke einladen, die uns alle daran erinnert, zu atmen." Leben Sie allein mit einem Kind, so können Sie es bitten, diese Vereinbarung mit Ihnen abzuschließen. Dann kann das Kind etwas tun, was Ihnen beiden hilft, wenn Sie wütend sind.

Ihr Kind wird in einem Moment, in dem es ihm gut geht, sicher sehr gern zustimmen. Als Kind ist es noch sehr unverbraucht. Diese Frische kann es nutzen, um Ihnen zu helfen. Es kann zu seinen Eltern sagen: „Folgt mir in den Atemraum und lasst uns gemeinsam dort atmen, statt zu streiten. Was meint ihr?"

Stimmt nur ein Elternteil zu, während der andere vielleicht etwas Unfreundliches sagt, kann es den einen Erwachsenen, der zustimmt, bei der Hand nehmen und zu ihm sagen: „Lass uns in den Atemraum gehen." Sieht der andere das, wird ihn das vielleicht zur Besinnung bringen.

Sobald ihr im Atemraum seid, habt ihr als Schutz den Klang der Glocke und den Buddha. Alle Familienmitglieder können eine Vereinbarung unterzeichnen, die lautet: „Hören wir den Klang der Glocke im Atemraum, so ist es der Klang des Buddha, der uns ruft, und jeder von uns wird innehalten und atmen. Niemand wird danach noch herumbrüllen." Die ganze Familie kann sich gemeinsam verpflichten, beim Klang der Glocke innezuhalten und zu atmen. Das wird „Vereinbarung für ein Zusammenleben in Frieden und Freude" genannt. Wenn Sie diese Übungsmethode zu Hause umsetzen, werden Sie schon nach drei Monaten feststellen, dass die häusliche Atmosphäre sehr viel angenehmer geworden ist. Die Wunden in den Herzen der Kinder werden allmählich heilen.

Die Vier Mantras

Diese Übung empfehle ich allen täglich zu Hause durchzuführen. Ein Mantra ist eine magische Formel. Jedes Mal wenn wir ein Mantra sprechen, verwandeln wir sofort die Situation, wir müssen da nicht warten. Ein Mantra ist eine magische Formel, die wir zur rechten Zeit rezitieren müssen. Wirksam wird sie durch unsere Achtsamkeit und Konzentration, ohne diese funktioniert sie nicht.

Übung

Die Übung der Vier Mantras ist für Erwachsene und Kinder gleich.

Das Erste Mantra: „Liebling, ich bin für dich da." Sie brauchen dieses Mantra nicht in Sanskrit oder Tibetisch zu rezitieren, nehmen Sie Ihre eigene Sprache dazu. Warum praktizieren Sie dieses Mantra? Weil Sie denen, die Sie lieben, das Beste, was Sie haben, anbieten müssen. Und das Beste, was Sie anzubieten haben, ist Ihre wahre Präsenz.

Das Zweite Mantra: „Liebling, ich weiß, dass du da bist und ich bin sehr glücklich." Zu lieben bedeutet die Präsenz des geliebten Menschen anzuerkennen und zu bestätigen. Sie müssen sich dafür die nötige Zeit nehmen. Wenn Sie zu beschäftigt sind, wie können Sie dann des anderen Gegenwart bestätigen? Um dieses Mantra wirklich praktizieren zu können, müssen Sie hundertprozentig da sein. Sind Sie es nicht, können Sie die Gegenwart des anderen nicht bestätigen. Wenn jemand Sie liebt, brauchen Sie dessen oder deren

Bestätigung, dass Sie da sind – ob Sie nun jung oder alt sind.

Sie können nur lieben, wenn Sie gegenwärtig sind, und um dies zu sein, müssen Sie sich darin üben, gegenwärtig zu sein, sei es durch achtsames Atmen oder Gehen oder durch eine andere Übung, die Ihnen hilft, als wirklich freier Mensch da zu sein für den Menschen, den Sie lieben. Weil Sie gegenwärtig sind, sind Sie achtsam, und deshalb merken Sie, wenn die geliebte Person leidet. In dem Augenblick, in dem Sie sein Leiden erkennen, müssen Sie hundertprozentig da sein, gegenwärtig sein. Gehen Sie zu ihr und sprechen Sie das dritte Mantra.

Das Dritte Mantra: „Liebling, ich weiß, dass du leidest; deshalb bin ich für dich da." Leiden Sie, dann möchten Sie, dass der Mensch, den Sie lieben, um Ihr Leiden weiß – das ist sehr menschlich, ganz natürlich. Wenn er nicht weiß, dass Sie leiden, oder Ihr Leiden ignoriert, leiden Sie noch mehr. So ist es also eine große Erleichterung für Sie, wenn er Ihres Leidens gewahr ist. Allein dadurch schon werden Sie weniger leiden. Dies ist nicht nur eine Übung für Kinder, es ist eine Übung für alle. Und durch sie kann eine Menge Glück in Ihr Zuhause gelangen. Versuchen Sie es für einige Wochen und Sie werden sehen, dass sich die häusliche Situation einschneidend verändert hat.

Das Vierte Mantra: „Liebling, ich leide, bitte hilf mir." Das dritte Mantra wird praktiziert, wenn die von Ihnen geliebte Person leidet. Sie praktizieren das vierte Mantra, wenn Sie selbst leiden. Sie glauben, dass der Mensch, den Sie am meisten von allen lieben, Ihr Leid verursacht hat, und das macht es für Sie schwierig. Hat er etwas Verletzendes gesagt oder getan, dann leiden Sie sehr. Hätte ein anderer so etwas zu Ihnen gesagt oder so etwas getan, würden Sie viel weniger leiden. Doch jetzt handelt es sich um den Menschen, den Sie von allen auf der Welt am meisten lieben, und er hat dieses zu Ihnen gesagt und Ihnen jenes angetan. Darum können Sie es nicht ertragen. Sie leiden hundert Mal mehr. Und darum müssen Sie das vierte Mantra praktizieren. Sie müssen zu diesem Menschen gehen, den Sie so lieben und der Sie so verletzt hat, Sie gehen zu ihm in vollem Gewahrsein, mit voller Achtsamkeit und Konzentration und Sie sprechen das vierte Mantra. Das ist ziemlich schwierig. Doch wenn Sie sich darin üben, können Sie es. Sie wollen meist allein sein, wenn es Ihnen schlecht geht und Sie glauben, dass der Mensch, den Sie so lieben, Ihnen Leid zugefügt hat. Sie wollen sich im Zimmer einschließen und alleine weinen. Sie wollen ihn nicht sehen. Sie wollen nicht mit ihm sprechen. Sie wollen von ihm nicht angefasst werden. „Lass mich allein!" Das ist ganz normal, ganz menschlich. Selbst wenn der andere kommt und sich mit Ihnen versöhnen will, bleiben Sie noch voller Wut.

Ist es überhaupt möglich, das vierte Mantra zu praktizieren? Es scheint, dass Sie es gar nicht wollen, weil Sie von diesem Menschen gar keine Hilfe wollen. Sie wollen Hilfe von jemand anderem, nicht von ihm. Sie wollen unabhängig sein – „ich brauche dich nicht!" Sie sind in Ihrem Stolz tief verletzt und darum ist dieses vierte Mantra so wichtig. Gehen Sie zu ihm, atmen Sie tief ein und aus und werden Sie ganz Sie selbst, hundertprozentig, öffnen Sie Ihren Mund und sagen Sie mit all Ihrer Konzentration, dass Sie leiden und Hilfe brauchen.

Sie müssen sich selbst für eine Weile darin üben, um das dann in entsprechender Situation so praktizieren zu können. Sie haben vielleicht die Neigung, diesem Menschen sagen zu wollen, dass Sie ihn nicht brauchen. Sie können selbst überleben, sind vollkommen unabhängig. Doch wenn Sie die Situation mit Weisheit betrachten, werden Sie sehen, dass dies das Unklügste ist, was Sie tun könnten. Wenn wir einander lieben, dann brauchen wir einander, besonders im Leid. Sind Sie so sicher, dass Ihr Leiden durch den oder die andere verursacht wurde? Vielleicht haben Sie ja Unrecht. Vielleicht hat sie es ja gar nicht getan oder gesagt, um Sie zu verletzen. Vielleicht haben Sie die Sache auch falsch verstanden, oder Sie haben eine falsche Wahrnehmung.

Sie müssen sich selbst schulen, um das nächste Mal, wenn Sie leiden, darauf vorbereitet zu sein, in dem Moment das vierte Mantra zu praktizieren. Machen Sie Gehmeditation, Sitzmeditation, atmen Sie achtsam ein und aus, um wieder zu Kräften zu kommen. Gehen Sie dann zu ihr und praktizieren Sie das Mantra: „Liebling, ich leide so sehr. Dich liebe ich am meisten auf der Welt. Bitte hilf mir." Gestatten Sie nicht Ihrem Stolz, sich zwischen Sie beide zu stellen. Bei wahrer Liebe gibt es keinen Raum für Stolz. Spielt Stolz noch immer eine Rolle, so wissen Sie, dass Sie Ihre Liebe zu wahrer Liebe wandeln müssen.

Kinder sind noch sehr jung und haben viele Gelegenheiten, für diese Praxis zu lernen und sich in ihr zu üben. Wenn sie ihnen jetzt gelehrt wird und sie sich darin üben, bin ich sehr zuversichtlich, dass sie es später leicht haben werden zu praktizieren, sollten sie leiden, weil sie glauben, die Person, die sie am meisten lieben, habe ihnen dieses oder jenes angetan oder zu ihnen gesagt. Ich glaube nicht, dass sie das Mantra oft benutzen müssen, aber es ist ein sehr wichtiges Mantra. Vielleicht brauchen Sie es nur ein- oder zweimal pro Jahr, aber es ist sehr, sehr wichtig. Regen Sie an, dass die Kinder sich das Mantra aufschreiben und es für sich gut aufbewahren. Und ermutigen Sie sie, dieses Mantra jedes Mal, wenn sie leiden, hervorzuholen und es zu praktizieren versuchen.

Der Kuchen im Kühlschrank

Wenn wir noch keine Glocke kaufen oder einen Atemraum zu Hause einrichten konnten, können wir gut auch einen Kuchen nehmen. Es ist ein ganz besonderer Kuchen, der nicht aus Mehl und Zucker besteht wie ein Biskuitkuchen. Wir können fortwährend von ihm essen, aber er ist nie zu Ende. Er wird „Der Kuchen im Kühlschrank“ genannt.

Übung

Das Kind wird vielleicht eines Tages im Wohnzimmer sitzend mitbekommen, dass die Eltern wütend aufeinander sind und die Beherrschung zu verlieren drohen. Sobald die Atmosphäre schwer und ungemütlich wird, kann es diese Übung anwenden, um die Harmonie in der Familie wieder herzustellen. Zunächst atmet es dreimal ein und aus, um genügend Mut aufzubringen, dann schaut es die Mutter an und sagt: „Mama, Mama.“ Natürlich kann es so auch beim Vater, den Großeltern oder einem anderen Erwachsenen verfahren, der sich um das Kind kümmert. Seine Mutter wird es ansehen und sagen: „Was ist, mein Kind?“ Und das Kind wird sagen: „Ich erinnere mich, dass wir im Kühlschrank einen Kuchen haben.“ Ob im Kühlschrank tatsächlich ein Kuchen ist oder nicht, spielt dabei keine Rolle.

Der Satz „im Kühlschrank ist ein Kuchen“, bedeutet: „Eltern, hört auf, euch gegenseitig Leid zuzufügen.“ Wenn die Eltern diese Worte hören, werden sie verstehen. Die Mutter wird zu dem Kind sagen: „Richtig! Willst du nach draußen gehen und für das Picknick ein paar Stühle um den Tisch stellen, während ich Kuchen und Tee hole.“ Bei diesen Worten hat die Mutter schon einen Ausweg aus der gefährlichen Situation gefunden. Das Kind kann nach draußen rennen und auf die Mutter warten. Diese hat damit eine Möglichkeit gefunden, sich aus dem Streit zurückzuziehen. Vor den Worten des Kindes hätte die Mutter kaum aufstehen und das Zimmer verlassen können, da dies sehr unhöflich gewesen wäre und möglicherweise noch mehr Öl ins Feuer der Wut des anderen Elternteils gegossen hätte. Jetzt kann die Mutter in die Küche gehen. Wenn sie den Kühlschrank öffnet und den Kuchen herausnimmt und das Wasser kocht, um den Tee zu bereiten, kann sie dabei ihrem Atem folgen. Gibt es im Kühlschrank gar keinen realen Kuchen, ist das kein Grund zur Sorge. Sie wird sicherlich etwas anderes als Ersatz für den Kuchen finden. Bei der Vorbereitung von Kuchen und Tee kann sie ein Halb-Lächeln entstehen lassen, um sich in Körper und Geist leichter zu fühlen.

Das andere Elternteil, das nun allein im Wohnzimmer sitzt, kann jetzt damit beginnen, achtsam zu atmen. Allmählich wird er sich beruhigen. Nachdem Tee und Kuchen auf dem Tisch stehen, mag er vielleicht langsam nach draußen auf die Terrasse gehen, um sich der Tee-Party anzuschließen, die nun in einer leichten, verständnisvollen Atmosphäre stattfindet. Zögert er noch, zu den anderen zu gehen, kann das Kind zurück ins Wohnzimmer laufen, seine Hand nehmen und ihm gut zureden: „Bitte komm doch und trinke Tee und iss Kuchen mit uns."

Die Orangen-Meditation

Es gibt Menschen, die Orangen essen, aber sie nicht *wirklich* essen. Sie essen ihre Sorgen, Ihre Angst, Wut, die Vergangenheit und Zukunft. Sie sind nicht wirklich gegenwärtig, mit Körper und Geist vereint. Wenn wir eine Orange essen, können wir das Essen zu einer Meditation machen. Wir setzen uns bequem und stabil hin und betrachten die Orange so, dass wir in ihr ein Wunder sehen können. Konzentration ist dabei sehr wichtig. Wir wissen, wenn wir den Fernseher einschalten, während wir ein Eis essen, entgeht uns das Eis, weil wir uns nicht darauf konzentrieren können. Ohne Achtsamkeit und Konzentration können wir nicht wirklich uns und die Orange genießen.

Übung

Lassen Sie das Kind eine Orange in die Hand nehmen und sie anschauen, sie betrachten, während es ein- und ausatmet, so dass die Orange Wirklichkeit wird. Ist das Kind nicht wirklich präsent, ist es die Orange auch nicht. Bitten Sie das Kind, den Orangenbaum sich vorzustellen, die Blüten zu sehen, die Sonne und den Regen und die zunächst noch winzige Frucht. Und nun ist aus der Frucht eine wundervolle Orange geworden. Indem das Kind die Orange einfach betrachtet und ihr zulächelt, kommt es in Berührung mit den Wundern des Lebens. Manchmal mag es die Tatsache ignorieren, dass die Orange in seiner Hand wirklich ein Wunder ist, ein Wunder des Lebens. Es gibt so viele Wunder des Lebens in ihm und um es herum. Wenn das Kind also die Orange anschaut und ihr zulächelt, dann sieht es die Orange wirklich in ihrer Pracht, in ihrer wundervollen Natur. Und plötzlich wird es auch ein Wunder, weil es ein Wunder ist, weil das Kind nichts weniger als ein Wunder ist. Seine Gegenwart ist ein Wunder. Das Kind ist ein Wunder, das einem anderen Wunder begegnet.

Wenn es die Orange auf tiefe Weise betrachtet, wird es viele wundervolle Dinge sehen können: den Sonnenschein, den Regen, der den Orangenbaum wässert, die Orangenblüten, die winzige Frucht, die am Ast erscheint, die von Grün zu Gelb wechselnde Farbe der Frucht und schließlich die ausgewachsene Orange. Nun bitten Sie das Kind, die Orange langsam zu schälen. Den wunderbaren Duft der Orangenschale zu riechen. Einen Orangenschnitz abzutrennen und in den Mund zu stecken. Den wundervollen Saft zu schmecken.

Der Baum hat drei, vier oder sechs Monate gebraucht, um eine Orange für das Kind hervorzubringen. Jetzt ist die Orange fertig und sagt: „Ich bin da für dich." Doch wenn das Kind nicht gegenwärtig ist, wird es das nicht hören. Wenn es die Orange im gegenwärtigen Moment nicht sieht, dann ist auch die Orange nicht gegenwärtig. Vollkommen gegenwärtig zu sein, während man eine Orange isst, das ist eine wahrhaft köstliche Erfahrung.

Einen Baum umarmen

In Plum Village habe ich drei Zedern gepflanzt. Ich habe sie vor dreißig Jahren gepflanzt und inzwischen sind sie sehr groß, schön und erquickend. Während meiner Gehmeditationen halte ich meist vor einem dieser Bäume an. Ich verbeuge mich vor ihm. Das macht mich glücklich. Ich berühre die Rinde mit meiner Wange. Ich rieche den Baum. Ich schaue zu den wunderschönen Blättern. Ich spüre die Stärke und Frische des Baumes. Ich atme tief ein und aus. Das ist sehr angenehm, und manchmal bleibe ich für eine ganze Weile da stehen und erfreue mich an diesem großartigen Baum.

Wenn wir einen Baum berühren, empfangen wir etwas Schönes und wohltuend Erfrischendes. Bäume sind wundervoll. Sie sind so stabil, selbst bei Sturm und Unwetter. Wir können viel von den Bäumen lernen.

Übung

Lassen Sie das Kind einen Baum finden, den es besonders schön findet – vielleicht ist es ein Apfelbaum, eine Eiche oder eine Kiefer. Wenn es innehält und den Baum wirklich berührt, wird es dessen wundervolle Qualitäten spüren. Tiefes Atmen wird ihm dabei helfen, den Baum tief zu berühren. Beim Einatmen kann es den Baum berühren, dann atmet es aus. Dies dreimal. Das Kind wird sich erfrischt und glücklich fühlen, wenn es den Baum in dieser Weise berührt hat.

Dann kann das Kind, wenn es mag, den Baum umarmen. Einen Baum zu umarmen ist eine wundervolle Praxis. Der Baum weicht niemals zurück oder weigert sich, umarmt zu werden. Das Kind kann sich da ganz auf den Baum verlassen. Er ist äußerst zuverlässig. Er ist immer da für das Kind, immer wenn es ihn sehen will, wenn es seinen Schatten braucht.

Der Heute-Tag

Wir haben viele spezielle Tage. Es gibt einen besonderen Tag, um unsere Mütter zu feiern. Das ist der Muttertag. Es gibt einen besonderen Tag, um an die Väter zu denken. Den nennen wir Vatertag. Es gibt einen Neujahrstag, einen Tag der Arbeit, einen Tag der Erde, einen Tag des Kindes und so weiter. Einmal sagte ein junger Besucher in Plum Village: „Warum deklarieren wir heute nicht als Heute-Tag?“ Alle Kinder stimmten dem zu, dass wir das Heute feiern und es den Heute-Tag nennen sollten.

Übung

Denken wir an diesem Tag, dem Heute-Tag, nicht an gestern und denken wir nicht an morgen, denken wir nur an heute. Der Heute-Tag ist immer dann, wenn wir glücklich im gegenwärtigen Moment leben. Essen wir, wissen wir, dass wir essen. Trinken wir Wasser, wissen wir, dass es Wasser ist, was wir trinken. Gehen wir, genießen wir jeden einzelnen Schritt. Spielen wir, sind wir wirklich ganz bei unserem Spiel.

Heute ist ein wundervoller Tag. Heute ist der wundervollste Tag. Das bedeutet nicht, dass es gestern nicht wundervoll war. Doch gestern ist vorbei. Es bedeutet nicht, dass es morgen nicht wundervoll sein wird. Aber wir haben noch nicht morgen. Heute ist der einzige Tag, der uns zur Verfügung steht, und wir können uns gut um ihn kümmern. Darum ist das Heute so wichtig – es ist der wichtigste Tag in unserem Leben.

Helfen Sie Ihrem Kind am Morgen nach dem Erwachen, sich dafür zu entscheiden, aus diesem Tag den wichtigsten

Tag zu machen. Sagen Sie ihm, es solle sich, bevor es zur Schule aufbricht, noch einmal hinsetzen oder hinlegen und für ein paar Minuten langsam ein- und ausatmen und sein Einatmen und Ausatmen genießen und dabei lächeln. Es wird zufrieden sein. Es wird sich friedvoll fühlen. Das ist ein wunderbarer Weg, den Tag zu beginnen.

Bitten Sie Ihr Kind, diesen Geist während des ganzen Tages lebendig zu halten, sich daran erinnernd, zum Atem zurückzukehren und andere Menschen mit liebevoller Güte zu betrachten, zu lächeln und glücklich zu sein über das Geschenk des Lebens. Haben Sie einen guten Tag heute! Das ist nicht nur ein Wunsch. Es ist eine Übung.

Ausklang

All diese Übungen haben denselben Zweck: unseren Geist zurück zu unserem Körper bringen, wahre Präsenz zu fördern, damit wir vollkommen lebendig werden können, so dass alles im Licht der Achtsamkeit geschieht. Jede Übung in diesem Buch ist als solche sehr einfach. Wir atmen ein und wir atmen aus; wir gehen in Achtsamkeit einen Schritt, wir hören denen, die wir lieben, auf tiefe Weise zu und wir betrachten eingehend die Schönheit um uns herum. Doch diese so einfachen Übungen können uns auch helfen, unsere wahre Natur von Nicht-Geburt und Nicht-Tod und Nichtgetrenntheit zu berühren.

Wollen wir Frieden in uns und der Welt, müssen wir praktizieren. Praktizieren wir nicht, haben wir zuwenig Achtsamkeitsenergie, um uns um unsere Angst und unsere Wut und um die Angst und Wut derer, die wir lieben, zu kümmern.

Achtsamkeitspraxis ist für unser Überleben, unseren Frieden und unseren Schutz zentral. Wir alle, unsere Familie ebenso wie die Gesellschaft, die Welt, in der wir leben, wir alle brauchen die Weisheit und Einsicht, die durch Achtsamkeit und tiefes Schauen hervorgebracht wird.

Der Buddhismus kennt ein wundervolles Bild von der Welt voller strahlender Juwelen. Diese Welt wird Dharmakaya genannt. Wenn wir genau hinschauen, können wir sehen, dass der Dharmakaya unsere alltägliche Welt ist. Wir haben ein reiches Erbe, aber wir wissen nicht darum. Wir verhalten uns so, als wären wir arm: eine mittellose Tochter, ein Not leidender Sohn. Stattdessen könnten wir erkennen, dass wir einen Schatz von Erleuchtung, Verstehen, Liebe und Freude in uns haben. Es ist Zeit für uns zurückzukehren und unser Erbe zu empfangen. Diese Übungen können uns helfen, es geltend zu machen.

Unser wahres Erbe[5]

Der Kosmos ist voll kostbarer Edelsteine.
Heute Morgen möchte ich dir eine Handvoll davon schenken.
Jeder Augenblick deines Lebens ist ein kostbarer Stein,
der durch Erde und Himmel,
Wasser und Wolken
strahlt und alles enthält.

Ganz sanft musst du atmen,
damit sich die Wunder offenbaren.
Auf einmal hörst du die Vögel singen,
und auch die Kiefern stimmen ein,
du siehst die Blumen erblühen,
siehst den blauen Himmel,
die weißen Wolken,
das Lächeln und den wundervollen Blick
des Menschen, den du liebst.

Du, die reichste Person auf Erden, die du
herumgeirrt bist und für deinen Lebensunterhalt hast betteln müssen,
hör auf, das notleidende Kind zu sein.
Komm wieder und fordere dein Erbe ein.
Wir sollten unser Glück genießen
und es allen anderen schenken.
Bewahre diesen Augenblick.
Lass den Strom von Kummer und Elend los
Und nimm das Leben ganz in deine Arme.

Anmerkungen

1 Thich Nhat Hanh, *Das Herz des Kosmos, Die Weisheit des Lotos-Sutra,* Freiburg: Herder, 2005

2 Thich Nhat Hanh, *Gegenwärtiger Moment, wundervoller Moment,* Berlin: Theseus, 2007

3 Erläuterungen zu den einzelnen Achtsamkeitsübungen von Schwester Annabel vom EIAB; Übersetzung der fünf Achtsamkeitsübungen von Mitgliedern des Intersein-Ordens:

Erste Achtsamkeitsübung: Einsicht in das Intersein beinhaltet das Verstehen, dass nichts ohne die Unterstützung dessen existieren kann, was es nicht selbst ist; zum Beispiel kann die menschliche Gattung nur mit Unterstützung anderer Gattungen überleben und ist ihnen von daher nicht überlegen.

Zweite Achtsamkeitsübung: Rechter Lebenserwerb bedeutet einem Beruf nachzugehen, der unser Ideal von Verstehen und Mitgefühl nährt.

Dritte Achtsamkeitsübung: Liebevolle Güte, Mitgefühl, Freude und Unvoreingenommenheit sind die Lehren des Buddha über Liebe, die die Vier Unermesslichen Geisteszustände genannt werden.

Liebevolle Güte (Sanskrit *maitri*) ist die Fähigkeit, sich selbst und anderen Glück zu bringen.

Mitgefühl (Sanskrit *karuna*) ist die Fähigkeit, das eigene Leiden und das der anderen zu verstehen und zu lindern.

Freude (Sanskrit *mudita*) ist die Fähigkeit, die Samen der Freude in sich und in anderen tagtäglich zu gießen.

Unvoreingenommenheit (Sanskrit *upeksha*) ist die Fähigkeit, die zu lieben, die nicht leicht zu lieben sind, und die, bei denen es leicht fällt, denn wir haben ihr Bedürfnis nach Liebe und Verstehen verstanden. Siehe Thich Nhat Hanh, *Nimm das Leben ganz in deine Arme. Die Lehre des Buddha über die Liebe,* Berlin: Theseus, 1997.

Vierte Achtsamkeitsübung: Rechtes Bemühen beinhaltet die Praxis, sich um die Samen im Garten unseres Geistes zu kümmern. Es gilt die Samen der Liebe und des Verstehens zu entwickeln, und die Samen, die einem selbst und anderen Leiden bereiten, zu umarmen und zu verstehen, um sie zu transformieren. Siehe Thich Nhat Hanh, *Das Herz von Buddhas Lehre,* Freiburg: Herder, 2004, Kap. 14.

Fünfte Achtsamkeitsübung: Die Vier Arten von Nahrung: *Essbare Nahrung* ist das, was wir essen und trinken. Wir sollten das zu uns nehmen, was für unseren Körper und unseren Geist gesund ist.

Nahrung der Sinneseindrücke ist der von uns durch Augen, Ohren, Nase und andere Sinnesorgane empfangene Input. Wir sollten uns nur das ansehen, das lesen und dem zuhören, was unser Herz der Liebe und des Verstehens nährt.

Nahrung unseres Wollens ist die Nahrung, die aus unseren Wünschen und Absichten besteht. Wir sollten heilsame Wünsche und Absichten entwickeln.

Nahrung des Bewusstseins ist die Nahrung, die wir aus dem kollektiven Bewusstsein empfangen. Wir sollten unser Möglichstes tun, in einem Umfeld zu leben, das das Beste in uns nährt.

4 „Voll Dankbarkeit bringen wir dieses Räucherstäbchen allen Buddhas und Bodhisattvas überall in Zeit und Raum dar. Möge er duften wie die Erde selbst und unser aufrichtiges Bemühen, unsere volle Achtsamkeit und die langsam reifende Frucht des Verstehens zum Ausdruck bringen. Mögen wir und alle Wesen Gefährten der Buddhas und Bodhisattvas sein. Mögen wir aus der Unachtsamkeit erwachen und unsere wahre Heimat erkennen."

5 Das Gedicht stammt aus dem Band: Thich Nhat Hanh, *Nenne mich bei meinen wahren Namen*, Freiburg: Herder, 1998, und ist übertragen von Karen Siebert.